CW01498209

COMPRENDRE L'ISLAM

DU MÊME AUTEUR

En finir avec la tolérance ? Différences religieuses et rêve andalou,
   PUF, 2014.
Signe dans la Bible, vol. 1, avec Anne Lécu et Hervé Ponsot,
   Cerf, 2015.
*Veilleur, où en est la nuit ? Petit traité de l'espérance à l'usage
   des contemporains*, Cerf, 2016.

Adrien CANDIARD

COMPRENDRE L'ISLAM

ou plutôt : pourquoi on n'y comprend rien

Inédit

Champs actuel

ISBN : 978-2-0813-8658-7

À mes amis les Clarke,
ce produit d'une lointaine conversation
aquatique au Caire,
en souvenir des joies passées
et surtout en prévision des joies à venir.

AU LECTEUR

Le présent ouvrage est issu d'une conférence qui s'est tenue à Paris, à la basilique Sainte-Clotilde, le 19 novembre 2015, à laquelle les attentats survenus quelques jours plus tôt ont donné une certaine gravité.

Considérablement plus développé que le texte originel, il en conserve néanmoins l'idée principale, ainsi que le style encore passablement oral. C'est dans cet esprit qu'on n'y trouvera ni bibliographie ni notes savantes (quelques ouvrages facilement accessibles en français et particulièrement éclairants seront toutefois indiqués à leur place), et qu'une translittération très simple des mots arabes a été adoptée.

Encore un livre sur l'islam ?

On hésite à l'écrire, tant les attentats de novembre 2015 à Paris ont encore ajouté à l'avalanche ininterrompue de discours sur l'islam qui s'abat sur le public français.

On ne peut pas dire, pourtant, qu'on n'en parlait pas. Avant l'attaque du Bataclan et des terrasses parisiennes, et même avant l'attentat contre *Charlie Hebdo* et l'Hyper Cacher en janvier de la même année, déjà, il n'était question que d'islam. Depuis des années, nous sommes abreuvés d'informations et d'opinions sur le sujet. L'actualité tragique du monde comme les mutations profondes de la société française, tout ne cesse de pointer vers cette religion à laquelle journaux, radios, sites Internet et émissions de télévision consacrent tant de décryptages. Il sortait tous les mois trois essais sur l'islam, et il y a tout lieu de penser que depuis lors, la concurrence s'est intensifiée. Tout le monde a un avis à donner, tous les experts se précipitent, les micros se tendent, les réseaux sociaux bruissent d'analyses, de coups de gueule, de témoignages poignants, de théories farfelues, d'encouragements poétiques. J'avoue que, malgré une pente naturelle à m'exprimer plus souvent qu'à mon tour, cela me donne surtout envie de me taire et de consacrer plutôt mon temps à des travaux de fond.

Chercheur à l'Institut dominicain d'études orientales, au Caire, un centre de recherche dédié à l'islam, je m'efforce de faire avancer ma thèse de doctorat sur la pensée d'un théologien musulman du XIVe siècle particulièrement prolixe, dont l'influence considérable s'exerce de nos jours sur un grand nombre de mouvements radicaux ; je suis convaincu que c'est ce travail patient, à bien des égards ascétique, qui est en ce moment le plus utile, mais aussi le moins pratiqué. Cette recherche, comme toute recherche sérieuse, demande du temps et de la concentration. Dans la situation dramatique qui est la nôtre, où les défis qui nous sont posés sont considérables, rien n'est plus urgent sans doute que de prendre le temps de comprendre en profondeur. Je n'ai certes pas la naïveté de penser que l'islam est une clef universelle qui ouvre la serrure de tous nos questionnements angoissés ; mais enfin, il faut que chacun s'y mette dans son domaine : la géopolitique, l'histoire, la sociologie, la psychiatrie mais aussi la théologie musulmane. Or ce dernier domaine, qui est le mien, n'est sans doute pas le moins opaque. Autant ne pas s'en distraire.

Seulement, mes passages en France m'ont mis sous les yeux le paradoxe de cette omniprésence de l'islam dans le débat public : plus on l'explique, moins on le comprend. La masse des pièces à charge et à décharge rend le dossier toujours plus obscur. Les articles et les prises de position semblent ne jamais aboutir au moindre résultat un peu clair. Pourtant, comprendre n'est pas un luxe. L'islam, avec sa culture, sa civilisation millénaire, sa pensée foisonnante, son exotisme aussi, n'est pas un sujet de curiosité culturelle au même titre que la Rome antique ou les Jivaro. Cette fois, il s'agit de nous. Le « nous » d'une société dont l'islam est désormais la deuxième religion, mais qui ne sait pas encore si elle y est vraiment légitime. La question sous-jacente, qu'on ne cesse de me poser sous toutes les formes possibles, de dîners amicaux en interviews prévues sur tout autre chose, est toujours la même : faut-il avoir peur ? L'islam, avec son milliard de croyants, en veut-il vraiment à notre mode de vie et à la paix dans le monde ? On comprend que la réponse à cette question soit vitale.

Tous les experts convoqués régulièrement ont l'air bien informés, mais ils ne parviennent pas à se mettre d'accord. Les uns disent que l'islam est une religion de paix, et que les barbares qui s'en réclament la pervertissent évidemment. « Le terrorisme n'a rien à voir avec l'islam », répètent-ils, avant d'ajouter avec une consternation sincère : « Ces gens n'ont jamais lu le Coran. » Ils ne demandent pas, d'ailleurs, qu'on les croie sur parole, et ils citent, pour nous en persuader, de beaux versets du Coran qui invitent au respect et à la tolérance, ou qui interdisent la violence. « Celui qui a tué un homme qui lui-même n'a pas tué, ou qui n'a pas commis de violence sur la terre, est considéré comme s'il avait tué tous les hommes ; et celui qui sauve un seul homme est considéré comme s'il avait sauvé tous les hommes » (Coran 5, 32).

D'autres, avec le même aplomb, nous disent que l'islam est évidemment une religion brutale, dont la violence n'est pas un accident de l'histoire ou l'effet de la folie de quelques-uns de ses adeptes, mais bien la conséquence nécessaire de ses textes sacrés. Pour ce faire, ils nous citent des passages insupportables tirés du même Coran, comme le célèbre « verset du sabre » : « Combattez ceux qui ne croient pas en Dieu et au Jour dernier ; ceux qui ne déclarent pas illicite ce que Dieu et son Prophète ont déclaré illicite ; ceux qui, parmi les gens du Livre, ne pratiquent pas la vraie Religion. Combattez-les jusqu'à ce qu'ils payent directement le tribut, après s'être humiliés » (Coran 9, 29).

On pourrait multiplier longuement les exemples et les citations, dans les deux sens. Vérification faite, tous ces versets aux accents si différents se trouvent bien dans le Coran. Alors qui a raison ? Pourquoi ne peut-on pas les départager une bonne fois pour toutes, en ouvrant le livre ? Pourquoi peut-on dire sur l'islam tant de choses contradictoires et apparemment fondées ?

Passée la perplexité, il est clair que les réponses trop simples ne suffisent pas. C'est alors que les chercheurs doivent prendre leur part de responsabilité, et ne pas fuir trop longtemps les questions légitimes d'un public inquiet. Car quelques conférences données en France après les attentats, parfois organisées à la dernière minute mais faisant toujours salle comble, m'ont fait voir que beaucoup de Français, loin de renvoyer les finasseries de spécialistes dans mon genre d'un revers de la main rageur ou d'estimer que l'islam avait dans cette folie meurtrière révélé son vrai visage, étaient prêts à faire l'effort d'entrer dans la complexité des phénomènes, sans simplifier à l'excès, sans chercher chez l'orateur une simple confirmation de leurs propres convictions. Ce fut, dans cette période si dure, un puissant réconfort ; car si je saisissais l'envie de certains d'aller vite, de frapper fort et de cesser de faire dans la dentelle, je crois aussi que, si nous ne voulons pas ressembler à Daech, alors

l'urgence, passée l'émotion légitime, est de prendre
le temps de comprendre.

Ce petit livre n'a naturellement pas l'ambition
de tout expliquer en quelques pages sur une religion d'un milliard de fidèles, vieille de quatorze
siècles, dont quelques années d'étude sont loin de
m'avoir permis de faire le tour. Toutefois, ne prétendre à aucune exhaustivité n'est pas renoncer à
expliquer ; il doit exister un chemin entre la sim-
plification si schématique qu'elle perd tout pouvoir
d'éclairer, et le retranchement dans les infinies
nuances de la complexité du réel. Pour tenter de
comprendre, il faut commencer par chercher pourquoi il est si difficile de se faire une idée simple
sur l'islam : commencer par comprendre pourquoi
on n'y comprend rien. C'est à cette condition, sans
doute, qu'il sera possible d'y voir un peu plus clair.

1

DEUX IMPASSES POUR UN PARADOXE

Deux erreurs courantes empêchent de comprendre quoi que ce soit à l'islam. La première, c'est de croire que l'islam existe ; la seconde, de croire qu'il n'existe pas.

Je n'écris pas cela par seul goût du paradoxe : si nous sommes bien souvent démunis devant l'islam, c'est parce que les réponses trop univoques sont inefficaces. Acceptons donc de regarder ces deux erreurs parallèles, ou plutôt cette erreur à deux faces, d'un peu plus près.

Où l'on cherche en vain l'essence de l'islam

La première erreur, croire que l'islam existe, c'est croire d'abord que les musulmans ne sont que des musulmans ; que leur identité religieuse recouvre tout le reste : opinions politiques, solidarités nationales ou ethniques, culture, fantaisie... Un ingénieur musulman pense-t-il comme un ingénieur ou

comme un musulman ? Un Sénégalais musulman
réagit-il comme un Sénégalais ou comme un
musulman ? Tout cela est évidemment complexe.
Je suis moi-même prêtre catholique, frère dans
l'ordre dominicain. J'ai fait profession de suivre le
Christ, de lui consacrer ma vie, mais je ne suis pas
dupe : mon christianisme est loin de tout expliquer
de mes réactions, de mes idées, de mon attitude,
parce que je suis quelqu'un de compliqué. Pourquoi
les musulmans seraient-ils plus simples que moi ?

Il est vrai que certains prédicateurs musulmans
affirment – et des éditorialistes, pourtant rarement
bienveillants à leur égard, semblent leur faire pleine-
ment confiance sur ce point – que l'islam est une
religion totale, englobant tous les aspects de la vie.
Toutefois, quand bien même l'islam aurait cette
ambition, elle serait à peu près irréalisable dans la
pratique. Milieu familial, déterminisme social, désir
et frustration sexuels, disposition nerveuse, les fac-
teurs qui expliquent nos actions sont innombrables,
et les convictions théologiques n'en sont qu'un
parmi d'autres, qu'on s'en désole ou qu'on s'en
réjouisse. Même pour les musulmans, même pour
les fanatiques – qu'ils le veuillent ou non. Ce serait
faire trop d'honneur aux terroristes, il me semble,
que de les croire sur parole quand ils se disent mus
par de simples préoccupations religieuses. Quand bien
même, du reste, ils seraient sincères : n'avons-nous

pas appris auprès des meilleurs maîtres à soupçonner nos motivations conscientes et explicites, qui
servent si souvent de faux nez à des objectifs moins
nobles que nous n'osons pas nous avouer ?

Renoncer à croire que l'islam existe, c'est aussi
ouvrir les yeux sur l'extrême diversité des manières
de vivre l'islam, qui amène les islamologues, en
général, à refuser de parler de *l'islam* pour préférer,
à juste titre, parler *des islams*, en évitant de choisir
dans cette diversité un islam de référence, à l'aune
duquel juger tous les autres. En effet, faire un tel
choix, ce serait ce qu'on appelle *essentialiser* l'islam,
penser qu'il existe de cette religion si variée une
essence éternelle et stable. Or essentialiser l'islam,
c'est se condamner à ne rien y comprendre – mais
la tentation est toujours présente, même pour les
esprits les plus conscients d'un tel danger.

Une essentialisation oublierait d'abord la diversité culturelle de cette religion mondiale. Nous
sommes généralement familiers de l'islam arabe, qui
possède une autorité morale importante chez les
musulmans, comme berceau historique de la religion et porteur d'une langue issue de celle du
Coran. Mais faire de l'islam arabe le seul islam, ou
l'islam de référence, c'est oublier que le premier
pays musulman en nombre d'habitants est l'Indonésie, que le Sénégal ne vit pas à l'heure de Daech
ou que l'Inde compte plus de musulmans – pourtant

très minoritaires – que le Proche-Orient arabe ne compte d'habitants.

On le sait moins, mais la diversité de l'islam est aussi théologique. Il y a bien sûr la grande division, qui est aujourd'hui la principale source de violence, entre sunnites et chiites : la séparation est ancienne, puisqu'elle date des premières décennies de l'islam, mais ce n'est que récemment qu'elle semble atteindre un point de non-retour qui déstabilise tout le Proche-Orient. Mais la diversité ne se limite pas à cette dualité : aux deux grandes confessions, on pourrait ajouter une troisième, le kharidjisme, née elle aussi dès l'origine, mais aujourd'hui très minoritaire ; et surtout, sunnites et chiites ne repré-sentent nullement des blocs homogènes. Les seconds se divisent en d'innombrables groupes sans lien entre eux autre que la découverte, fort récente, d'une opposition commune au sunnisme : outre les duodécimains d'Iran, il y a les zaydites du Yémen, les ismaéliens d'Inde ou du Pakistan, mais aussi les alaouites de Syrie ou les alévis de Turquie, dont l'appartenance même au chiisme est discutable.

Le sunnisme semble présenter un front plus uni, mais c'est une apparence : entre les wahhabites d'Arabie séoudite et les puissantes confréries soufies du Sénégal, on peinerait à trouver un terrain d'entente. Cela va plus loin que l'expression de simples sensibilités spirituelles : la légitimité même du soufisme, cette spiritualité de l'islam, est âprement discutée, et les accusations d'hérésie, voire d'apostasie, ne manquent pas – à supposer du reste qu'il n'y ait qu'une forme de soufisme, ce qui est loin d'être le cas. La diversité du sunnisme est aussi juridique. Il y a, dans le sunnisme le plus orthodoxe, des écoles de droit différentes, dont les fidèles n'appliquent pas le même droit religieux (sur les mariages, les successions…) et ne font pas la prière exactement de la même façon : quelle surprise, pour un Maghrébin arrivant en Égypte, de découvrir que des musulmans arabes sunnites, apparemment si proches, ne prient pas tout à fait comme lui !

Les points d'accord entre tous les musulmans du monde sont au fond très peu nombreux, et tiennent en quelques lignes : croire qu'il n'y a qu'un Dieu, que Mahomet est son Prophète, que le Coran témoigne d'une manière ou d'une autre de la volonté de Dieu pour les hommes, qu'un Jugement divin nous attend au dernier jour. Ajoutez la croyance aux anges, et c'est à peu près tout. Dès qu'on essaie d'entrer davantage dans les détails, d'expliciter un peu une de ces formulations sommaires, la diversité saute aux yeux. Prenez une question comme celle, brûlante, du jihad, la fameuse guerre sainte, incontestablement mentionnée dans les sources islamiques. Un salafiste de Daech vous dira que c'est une obligation individuelle et que chacun doit aller tuer au plus vite tous les mécréants, les non-musulmans comme les faux musulmans (ceux qui ne sont pas de leur groupe), par des attentats au besoin. Un juriste classique vous dira qu'il s'agit d'une obligation collective, et non individuelle, et qu'elle ne peut être accomplie que par l'autorité politique légitime, certainement pas par le premier venu se croyant investi d'une mission ; et il ajoutera le plus souvent que le jihad est défensif, qu'il vise à défendre les territoires musulmans contre les agressions, et non à agresser. Enfin, un soufi vous expliquera que le véritable jihad, c'est la guerre contre le péché, contre nos passions mauvaises, et qu'il s'agit donc d'ascèse et de travail sur soi. Et entre ces trois positions, toutes sunnites, mais bien distinctes, que de nuances il faudrait présenter (le terroriste ne fait pas l'unanimité, loin de là, chez les salafistes, et certains soufis sont favorables à la lutte armée) ! Qui a raison ? Qui est plus musulman que les autres ? Bien malin qui peut le dire. Notre choix serait dicté par nos préférences (on favorisera le soufi parce que cela nous paraît plus acceptable, et nous permet donc de « sauver » l'islam de ses détracteurs malintentionnés) ou nos angoisses (le salafiste aurait raison, parce qu'ainsi au moins, nous serions fixés). Il faut commencer par ne pas choisir et accepter que cette diversité existe, irréductible.

On croit généralement que j'exagère quand j'avance tout cela, et on me rétorque qu'il y a, tout de même, un islam un peu objectif : celui du Coran. Les musulmans peuvent bien dire ce qu'ils veulent, mais pour découvrir le « vrai visage » de l'islam, pour en capturer l'essence et juger sur pièces du danger qu'il nous fait ou non courir, il suffirait d'aller à la source et de lire les textes fondateurs.

Le procédé semble très simple, mais il tourne vite court. Tout d'abord, le Coran est un texte à peu près incompréhensible. Certains de ses versets sont très clairs, c'est vrai ; mais le livre lui-même est extrêmement difficile. Le sens même des mots arabes dans ce texte très ancien est, dans beaucoup de cas, absolument conjectural : les commentaires anciens du Coran consistent largement en paraphrases visant à expliquer la signification d'un grand nombre de mots, devenus incompréhensibles dès l'époque médiévale. On se fie en général aux définitions données par ces commentateurs classiques, mais connaissaient-ils eux-mêmes le sens originel de ces mots ? Et si c'est le cas, comment l'avaient-ils appris ? Nous n'en saurons jamais rien.

Même lu en traduction, c'est-à-dire après un choix d'interprétation qui le rend bien plus accessible, le texte reste mystérieux. J'admire les gens pleins d'aplomb qui, posant une question à la fin d'une conférence, ou au gré des débats dont Internet est friand, affirment que le Coran est très clair ; ils ne l'ont manifestement jamais ouvert et n'en connaissent que des extraits choisis. Je fais chaque année cette expérience avec des étudiants, non musulmans : je les invite à lire le Coran d'une traite, sans commentaires ni guide de lecture. Quelle que soit leur attente initiale, ils sont toujours déboussolés par cette lecture d'un livre à la fois allusif et désordonné, regorgeant de répétitions et de contradictions. Il faut ensuite choisir des méthodes de lecture et d'interprétation pour que ce texte révèle sa richesse.

Cela ne signifie pas, bien sûr, qu'on puisse absolument tout lui faire dire : sauf à solliciter excessivement le texte, impossible de fonder un polythéisme sur le Coran, ou un athéisme ; on n'y trouvera pas la doctrine chrétienne de la Trinité, pas plus que la philosophie de Spinoza ni un cours de marketing digital. On ne peut pas tout lui faire dire, mais reste qu'il a le dos large. Et surtout, il ne parle pas tout seul. Croire qu'un texte, et spécialement un texte ancien, et plus encore un texte considéré comme saint, parle de lui-même et qu'il suffit de l'ouvrir pour le comprendre est une illusion. Tout texte appelle nécessairement une interprétation, et ceux-là mêmes qui en nient la nécessité, qui prétendent pratiquer le littéralisme le plus rigoureux, proposent en fait eux aussi une méthode de lecture et d'interprétation – le littéralisme, précisément. Soyons plus fins que ces littéralistes et surtout, ne leur donnons pas raison, n'acceptons pas leur définition de l'islam – pas parce qu'elle nous déplaît, mais parce qu'elle est stupide. Penser qu'en ouvrant son Coran, un journaliste français va pouvoir saisir l'essence de l'islam, c'est accepter l'illusion littéraliste. C'est aussi courir à l'échec, car le journaliste en question risque bien de trouver dans le Coran ce qu'il y aura apporté. S'il travaille pour *Valeurs actuelles* et veut démontrer que le Coran est un texte dangereux, il trouvera le matériel terrifiant qu'il cherche ; s'il travaille pour *Libération* et entend souligner combien le Coran est un texte débordant d'humanisme et de tolérance, il y arrivera tout aussi bien. Parce que sur ce point comme sur bien d'autres, le Coran regorge d'affirmations apparemment contradictoires. Ce qui fera l'unité de la lecture, ce qui donnera le sens du texte, et pas d'un verset par-ci par-là, c'est l'interprétation. Et force est de constater que l'islam a proposé historiquement et propose toujours des interprétations très différentes. Impossible de définir laquelle est la plus juste, sauf à être musulman et à prendre parti.

Il ne faut pas forcer le trait, évidemment : le Coran fournit un cadre à ces interprétations, mais aussi un imaginaire, et cet imaginaire n'est pas un imaginaire non violent. Cela interdit-il toute lecture radicalement non violente du Coran ? Non. Et à l'inverse, le Coran n'oblige pas à une lecture violente. Pour tenter d'aller un peu plus loin, je dirais que le Coran n'est pas un texte violent, mais qu'il offre une certaine disponibilité à un usage violent. Une comparaison peut être éclairante, si on en ôte l'effet « point Godwin » tout à fait fâcheux : Wagner n'était pas nazi, Nietzsche n'était pas nazi, mais ils ont pu être récupérés par le nazisme ; non parce qu'ils étaient nazis, mais parce qu'ils étaient récupérables par le nazisme. Ce qu'il a fait avec eux, le nazisme n'aurait jamais pu le faire avec la philosophie de Kant ou la musique de Haydn, qui ne présentaient pas la même disponibilité. Faut-il condamner Wagner et Nietzsche pour cette disponibilité ? Je ne le crois nullement. Ils méritent qu'on les connaisse pour eux-mêmes, pas qu'on les condamne par l'usage que des criminels en ont fait.

C'est tout à fait déconcertant quand on sait la place qu'occupe le Coran dans la théologie musulmane la plus courante : il est la Parole même de Dieu, éternelle, sans changement, sans auteur humain (contrairement à la théorie chrétienne de l'inspiration biblique, qui suppose l'intervention d'auteurs humains). Comment peut-on supporter que cette Parole soit ambiguë ? On peine à comprendre comment les musulmans l'acceptent, sans doute parce qu'on se fait une idée fausse de l'usage du Coran. Nous y voyons d'abord un pourvoyeur d'enseignements, un ensemble de règles, et nous restons donc obsédés par la question de sa signification. Il suffit pourtant d'ouvrir les yeux et les oreilles dans le monde arabe pour découvrir que, si le sens de ses versets est évidemment considéré comme d'une grande importance, il est bien davantage qu'un texte communiquant un contenu. S'il est présent partout, crachoté par la radio des échoppes de barbier ou des taxis, récité lors des veillées funèbres ou dans les nuits du mois de ramadan, ce n'est pas parce qu'on cherche à comprendre son sens, ce n'est pas parce qu'on en attend un enseignement : c'est parce qu'il rend Dieu présent, parce qu'il est la présence divine même, dans sa récitation. Ce qui bouleverse des foules entières, lors d'une belle récitation, ce n'est pas le sens de tel ou tel verset, mais la présence de Dieu ressentie dans l'action même qui a rendu la Parole vivante : cela explique ce fait, si surprenant, qu'un bon récitateur peut faire pleurer ses auditeurs avec les versets les plus juridiques, portant par exemple sur les règles d'héritage.

Les analogies avec le christianisme nous trompent. Le Coran des musulmans n'est pas la Bible des chrétiens : ces derniers ne lisent leur livre saint qu'en traduction, depuis des millénaires, parce qu'en Occident rares sont ceux qui lisent l'hébreu ou le grec. L'évangile lui-même est en grec, langue choisie par ses auteurs non pour son caractère sacré (on aurait choisi l'hébreu), mais parce que c'était la langue de communication de la Méditerranée orientale, à la manière de notre anglais d'aujourd'hui. Dès lors, le mot lui-même ne compte guère, et on ne s'attache qu'au sens qu'il porte. Il en va tout autrement quand le texte sacré est considéré comme témoignant des mots mêmes de Dieu : chaque parole a une valeur propre, inestimable, en deçà même de la signification qu'elle porte. Les chrétiens lisent la Bible comme de la prose, les musulmans lisent le Coran comme de la poésie : les mots sont uniques, irremplaçables, chacun à sa place, et faire entendre ces sons sacrés est déjà un acte religieux, comparable peut-être à l'adoration du Saint-Sacrement chez les catholiques. Cela explique que cette récitation soit un art aux règles précises, qu'on apprend pendant des années. Quand j'ai lu le Coran en arabe, j'ai demandé à un ami musulman de m'aider dans cette lecture. Il m'a aussitôt répondu : « Que veux-tu apprendre ? Le sens des versets ou les règles de récitation ? » Cela me paraissait évident : qu'avais-je à faire de ces règles ? Le Coran était pour moi un véhicule de sens. Mais sa réaction m'a fait comprendre qu'il est également, pour les musulmans, un objet sacré par lui-même.

Pourtant il n'y a pas, en matière de texte sacré, que le Coran. L'islam, ce sont aussi des dizaines de milliers de hadiths, ces anecdotes ou propos rapportés du Prophète, sur à peu près tous les sujets imaginables. Le hadith a l'avantage d'être nettement plus clair, en général, que le Coran, et son autorité pour les musulmans est considérable. On dit que l'islam, c'est le Coran, et c'est effectivement la théorie ; mais dans la pratique, l'islam, c'est surtout le hadith. C'est lui en effet qui permet bien souvent de donner aux prescriptions coraniques leur sens concret : Mahomet étant un interprète qualifié, et même inspiré, du Coran, on peut tirer de l'exemple qu'il a laissé des règles de vie qui rendent le texte sacré autrement plus accessible. Le sens véritable du Coran nous est révélé par les hadiths, diront beaucoup de musulmans (mais pas tous !). Il y a même des cas où le droit musulman traditionnel préfère appliquer les prescriptions des hadiths que celles, pourtant explicites, du Coran. C'est le cas du châtiment de la femme adultère, pour laquelle le Coran propose deux punitions, dans des versets distincts qui semblent donc se contredire : la flagellation et la réclusion. Ce sont les hadiths qui ont introduit une troisième solution, adoptée par l'ensemble de la jurisprudence classique contre le texte coranique : la lapidation, dont le Coran ne fait pas mention.

Mais alors, pour connaître le véritable islam, suffirait-il de changer de texte ? Puisque le Coran se révèle trop peu commode, ne devrions-nous pas nous référer aux hadiths ?

Il s'agit en réalité d'un corpus colossal, touffu, rempli là encore de contradictions. Ces hadiths sont recueillis dans des volumes constitués au IXᵉ siècle par des savants partis à la recherche des traditions éparses dans les mémoires, mais sunnites et chiites, par exemple, n'accepteront pas les mêmes collections. Au sein même du sunnisme, dans les collections de hadiths les plus largement reconnues, tous les textes ne se valent pas. Certains hadiths sont, au dire même de la tradition musulmane, de pures et simples arnaques inventées par la suite pour servir les intérêts de tel ou tel prince, de tel ou tel groupe. La tentation de fabriquer un hadith à sa convenance est bien explicable, quand on sait le poids de ces textes dans l'élaboration du droit musulman : plus précis et plus concrets que le Coran, ils fournissent l'essentiel du corpus juridique. Il importe donc de savoir hiérarchiser ces milliers de textes entre eux, pour savoir, en présence de deux hadiths contradictoires, auquel des deux le juge doit prêter foi. En général, cette hiérarchie s'élabore en fonction de la chaîne de transmetteurs, plus ou moins fiables, qui ont permis que l'anecdote parvienne du Prophète jusqu'à nous. Mais cela requiert une érudition proprement stupéfiante : la science du hadith est un océan dans lequel les savants musulmans apprennent à naviguer avec un ensemble de règles tout à fait byzantines pour le profane. Là encore, il y a des écoles, qui diffèrent sur le corpus comme sur les méthodes à appliquer. Si bien que quand, aux différentes écoles d'interprétation du Coran, vous ajoutez les différentes traditions sur les hadiths, vous arrivez à une infinité de nuances.

Et la « charia » ? Ce fameux droit musulman, aux accents moyenâgeux inquiétants, ne nous donne-t-il pas un cadre clair de ce qu'est ou non l'islam, même s'il est admis que des penseurs modernistes entendent s'en affranchir ? Sur ce point, les malentendus sont innombrables. Quand les journaux soulignent avec effroi que tel État « applique la charia », ou que tel groupe plus ou moins extrémiste en demande l'application, cela évoque des visions plutôt terrifiantes de mains coupées et de femmes lapidées. Or, en arabe, le terme a un sens assez large : il désigne la volonté de Dieu, ses commandements. Demander à un musulman s'il est ou non favorable à la charia, c'est l'obliger à répondre par la positive, mais sur un malentendu : il est, bien sûr, favorable à la volonté de Dieu. Faut-il en conclure qu'il souhaite couper la main des voleurs ? Rien n'est moins sûr.

Il est vrai que dans l'islam classique cette volonté de Dieu a pris progressivement la forme d'un corpus juridique, et que l'expression « charia » peut désigner, techniquement, cet ensemble de règles. Mais là encore, on se tromperait à imaginer qu'il s'agit d'un code, à l'image du code civil ou du code pénal en usage chez nous. La charia ne se trouve pas en librairie. Il n'en existe pas une version unique et consensuelle. Il s'agit au contraire d'un droit jurisprudentiel, fondé sur les interprétations précédentes des juges, organisé par écoles d'interprétation et jamais ramenée à une interprétation unique. Non qu'on ne puisse trouver de points d'accord entre les juristes de l'époque classique ; mais ils reposent sur la manière dont les juges appliquent les solutions jurisprudentielles aux cas d'espèce concrets qui leur sont présentés : la charia est autant un ensemble de procédures d'interprétation du droit musulman que les règles mêmes de ce droit.

Est-il certain pour autant que ces procédures, élaborées progressivement au cours de l'histoire de l'islam, sont davantage musulmanes que d'autres manières de concevoir le droit ? Ce droit traditionnel a toujours cohabité avec d'autres formes de droit, jugées nécessaires par les États musulmans comme l'Empire ottoman ; il est depuis deux siècles concurrencé par l'apparition, dans le monde musulman, de législations civiles, souvent influencées par le droit européen, mais qui reprennent également parfois des dispositions du droit musulman classique. La légitimité de ces législations civiles modernes, généralement adoptées par des dirigeants ou des parlements musulmans avec la bénédiction du clergé musulman local, fait débat jusqu'aujourd'hui chez les musulmans. Mais faut-il vraiment admettre la thèse des opposants selon laquelle ces législations civiles seraient dans le fond moins islamiques que le droit religieux traditionnel ?

Il n'y a pas, sur ce point comme sur tant d'autres, de « vrai visage » à découvrir : il nous faut admettre qu'il y en a plusieurs. Une essence de l'islam, l'islam réduit à un concept manipulable, ce serait tout à fait commode, mais cela n'existe pas. On a le droit de le regretter, mais pas de l'ignorer.

Où l'on comprend, cependant, que l'islam existe bel et bien

Mais en rester là serait un peu trop facile. Je balaie devant ma porte : dans le monde de l'islamologie, cette diversité est une manière d'avoir la paix quand le questionnement se fait trop pressant. Il n'est pas difficile, pour un conférencier qui connaît son sujet, d'écarter les arguments d'une salle, en disant « non, les ibadites ont une approche différente » ou « les murjites se sont opposés à cette manière de voir », bref en renvoyant toute affirmation sur l'islam à son irréductible diversité. C'est bien pratique. Avec cela, le spécialiste n'est jamais poussé dans des retranchements trop inconfortables. On a raison de souligner, bien sûr, que l'islam est divers, qu'il faut toujours parler des islams, que l'essence de l'islam n'existe pas. Mais cela ne suffit pas : si la première erreur était de croire que l'islam existe, la seconde est bien de croire qu'il n'existe pas.

Certains nous l'assurent encore ces jours-ci, bien qu'ils semblent, devant l'évidence, de moins en moins nombreux. Tout ce à quoi nous assistons ne serait que l'effet de la misère sociale, des politiques néo-impérialistes de l'Occident, du passé colonial, de tout ce qu'on voudra, mais c'est évidemment sans lien avec l'islam. Le terrorisme n'a rien à voir avec l'islam, l'État islamique n'a rien à voir avec l'islam. « De quoi l'islam est-il le nom ? » s'interroge-t-on doctement, avec une formule à la mode, pour souligner qu'une religion ne peut avoir de sens par elle-même, et que les terroristes eux-mêmes se trompent sur leur motivation réelle : le discours religieux ne peut être qu'une superstructure masquant l'infrastructure, le conflit réel – lutte des classes, lutte des peuples. Le conflit réel ne saurait être religieux, parce que la religion n'est rien, a-t-on décrété *a priori*.

C'est aussi absurde que de vouloir tout expliquer par l'islam : la religion n'est qu'un facteur explicatif parmi d'autres. On le rejette au nom d'un aveuglement idéologique stupéfiant, selon lequel le religieux ne peut pas être un moteur historique réel, mais nécessairement le symptôme d'autre chose. Trente-six ans après la Révolution iranienne, cet aveuglement serait comique s'il n'était pas si triste. On songe au mot de Péguy : « Il faut dire ce que l'on voit, et surtout, ce qui est plus difficile, il faut voir ce que l'on voit. »

Plus fréquente, et même quasi générale dans le monde médiatique, est la distinction commode entre islam et islamisme, qui instaure une dualité au sein de l'univers musulman : il y aurait en fait deux objets radicalement différents, bien que sans doute apparentés, qu'il s'agirait surtout de ne pas confondre. L'islam est alors présenté comme la religion légitime, pacifique, tolérante et qui mérite le respect de tous ; l'islamisme, à l'inverse, en est une forme dévoyée, une imposture évidemment illégitime. Cette distinction n'est pas sans valeur dans la mesure où elle vise à éviter les amalgames et à épargner à la grande majorité des musulmans, tout à fait innocents des attentats terroristes qui ensanglantent la planète, d'avoir à en porter l'opprobre aux yeux du reste du monde. Cet objectif est louable et certainement bienvenu, dans le contexte de tension actuel. Cette distinction cherche sans doute à introduire dans le débat un peu de complexité, ce qui est très heureux. L'ennui, cependant, est qu'elle reste assez mal fondée, et que ses limites apparaissent assez vite.

L'islamisme, en effet, est une réalité construite, un concept académique, pas le nom d'un ou plusieurs groupes. C'est un terme forgé par des chercheurs occidentaux voulant rendre compte de certaines radicalités modernes de la religion musulmane, d'abord souvent désignées par des termes empruntés au catholicisme (« intégrisme ») ou au protestantisme (« fondamentalisme »). Mais alors que ces derniers termes désignent des mouvements précis et organisés, dont le nom renvoie à une pensée et un programme clairement identifiables (la revendication d'un « catholicisme intégral » dans le premier cas, une lecture littéraliste de la Bible dans le second) et qui ne sont nullement interchangeables comme synonymes de « fanatisme », le concept d'islamisme est une généralité dont la racine ne renvoie à rien de plus précis qu'à l'islam lui-même. Du reste, en arabe, il est impossible de distinguer « islamique » (relatif à l'islam) d'« islamiste » (relatif à l'islamisme). Le terme « islamiste » ne désigne d'ailleurs pas un mouvement d'idées particulier, mais plusieurs groupes très différents entre eux, qui ne se reconnaissent guère d'unité et ne se regrouperaient certainement pas sous cette bannière – bien que certains, comme Ennahda en Tunisie, aient fini par accepter pour eux-mêmes cette dénomination à la fois valorisante (puisqu'elle les désigne comme des groupes « islamiques », et donc comme les musulmans authentiques) et surtout effrayante pour l'ennemi occidental.

L'usage de ce concept construit, qui ne correspond pas à une réalité revendiquée, n'a rien d'illégitime. Plusieurs chercheurs ont su lui donner un contenu précis, souvent assez restrictif (qui veut embrasser toutes les formes de fanatisme et de radicalité prend le risque de ne rien étreindre) et utile pour décrire et expliquer certains phénomènes de l'islam contemporain*. Mais précisément, il ne s'agit pas alors de placer ces phénomènes hors de l'islam, d'opposer islam et islamisme comme deux réalités parfaitement distinctes ; l'islamisme, au sens précis, est un des visages que prend l'islam d'aujourd'hui. Il n'appartient pas à des observateurs de décider que ce visage, dans lequel se reconnaissent aussi des musulmans sincères, n'a rien à voir avec l'islam parce qu'il ne nous plaît pas.

---

* C'est par exemple le cas d'Olivier Roy, dans un ouvrage à bien des égards prémonitoire, bien plus que son titre volontiers gaussé ne le laisserait croire au premier abord : *L'Échec de l'islam politique*, Paris, Seuil, 1992.

De plus, l'usage médiatique et courant de la distinction ne correspond que rarement à l'usage précis qu'en font les chercheurs. Le risque est grand d'en faire plutôt un vaste fourre-tout où se concentre tout ce qui nous paraît inacceptable dans l'islam : refus de la modernité, de la démocratie, de l'égalité des hommes et des femmes… On construit donc un grand méchant loup islamiste, dont le seul défaut est de ne correspondre à rien de réel, sinon à nos propres refus et angoisses. Que vaut la frontière entre islam et islamisme, si elle est fixée de l'extérieur ? On peut s'interroger sans fin sur cette frontière, du reste, sans jamais trouver de réponse certaine puisque le questionnement reste coupé des mouvements qui existent effectivement : le voile, par exemple, est-il islamique ou islamiste ? et le voile intégral ? Qui décide de l'assigner à telle ou telle catégorie, et à partir de quelle surface couverte du corps féminin ? Passé le stade, certainement nécessaire, du refus de l'amalgame stigmatisant, la distinction entre islam et islamisme perd sa force explicative et pose bientôt bien plus de questions qu'elle n'en résout.

On peut encore s'aveugler sur l'existence de l'islam, non en le niant purement et simplement, ou en le divisant en deux, mais en le réduisant à sa diversité, comme s'il n'avait aucune forme d'unité. Sa diversité est réelle, mais au moins dans la conscience des musulmans, l'islam, c'est quelque chose, pas un patchwork d'interprétations disparates aux différences irréductibles. Les musulmans ont au contraire le sentiment d'appartenir à un mouvement commencé par la révélation prophétique à Mahomet ; les contours de ce mouvement sont mouvants, l'accord ne se fait pas sur les limites, mais précisément : ce désaccord même prouve qu'il y a une aspiration à l'unité.

La conscience musulmane est hantée par cette aspiration, qui ne fait que projeter sur la communauté des croyants le dogme fondamental de l'islam : le *tawhid*, l'unicité divine. Dieu est un, on ne peut rien lui associer et il n'a pas en lui de pluralité. À son image, la communauté musulmane devrait être à la fois unique et homogène, rassemblée, comme l'était, suppose-t-on, la communauté primitive formée autour du Prophète à Médine. Cela ne signifie nullement que l'islam interdit toute diversité : cette diversité existe, et n'a jamais cessé d'exister dans l'histoire des civilisations islamiques, combinant des légitimités distinctes parfois très complexes. La difficulté ne réside pas dans la pratique de cette diversité, mais plutôt dans sa conception : on peine à penser cette diversité de fait autrement que sous le signe de l'hérésie ou de la déviance. Cela explique la fréquence des excommunications, officielles ou informelles, auxquelles nous

ne cessons d'assister, quand un salafiste considère
que le soufisme, ce n'est pas l'islam, ou quand un
jihadiste justifie sa violence contre un État musulman parce que ses dirigeants, n'appartenant pas au
même groupe que lui, ne sont en fait pas vraiment
musulmans ; mais aussi quand un musulman de la
rue, voulant se démarquer des attaques terroristes,
assure que leurs auteurs, parce qu'ils tuent des gens,
ne sont pas des musulmans. En la matière, l'observateur extérieur n'a d'autre choix que de rester
agnostique, sans appuyer telle ou telle excommunication ; mais il doit aussi constater leur fréquence
et s'efforcer de comprendre d'où elle vient.

J'ai été surpris, alors que le texte d'une conférence que j'avais donnée sur l'islam au lendemain
des attentats de novembre 2015 avait beaucoup cir-
culé sur les réseaux sociaux, du grand nombre de
musulmans français qui m'ont remercié de les
aider, en parlant de cette diversité, à mettre des
mots sur ce qu'ils constataient, mais n'osaient parfois pas exprimer, tant l'aspiration à l'unité reste
prégnante. Pour autant, on verra plus loin que les
sociétés musulmanes ont parfois su faire droit à
cette diversité, sans qu'elle menace l'unité fonda-
mentale de cette religion.

Nous listions plus haut le petit nombre de
dogmes sur lesquels tous les musulmans pouvaient
s'accorder : la liste est courte, néanmoins elle existe.

Il faudrait ajouter à ces croyances des pratiques communes, à commencer par le pèlerinage à la Mecque qui regroupe chaque année des millions d'hommes et de femmes venus du monde entier, ne reconnaissant pas toujours aux autres la qualité de musulmans, mais tournant ensemble autour du même sanctuaire. La même révélation, la même origine, des croyances et des pratiques communes : la religion musulmane n'est pas une vue de l'esprit.

Ces convergences contribuent d'ailleurs à forger les éléments d'un imaginaire partagé, qui s'exprimera différemment selon les lieux et les mouvements, mais recomposera à sa manière des thèmes communs, souvent tirés de l'exemple de la communauté primitive ou des premiers siècles de l'islam. C'est ce qui explique, par exemple, que la Révolution iranienne de 1979 ait pu rencontrer une telle attention, au moins à ses débuts, bien au-delà de sa zone culturelle et confessionnelle d'origine, le monde persan chiite. C'est ce qui explique également qu'un mouvement arabe comme le califat de l'État islamique puisse trouver un écho aux quatre coins de la planète. Ce mouvement né en Irak, dans le contexte précis de la lutte opposant des sunnites marginalisés aux chiites majoritaires après la chute de Saddam Hussein, recrute des partisans ou voit naître des mouvements qui s'en réclament en Belgique, en Indonésie ou au Nigéria, dans des univers qui n'ont rien à voir et qui, le plus souvent, ignorent tout du terreau initial du mouvement. C'est la limite des explications purement géopolitiques, tout à fait justes par ailleurs, du succès du mouvement.

C'est ainsi qu'il faut comprendre notre paradoxe initial : s'il est tout aussi aveuglant de croire que l'islam existe que de croire qu'il n'existe pas, c'est que l'islam est une diversité qui aspire à l'unité. C'est aussi ce qui provoque la crise actuelle qui déchire l'islam et nous saute au visage. Car à mon sens, la crise de l'islam est d'abord une crise interne, et même une double crise interne : l'opposition entre sunnites et chiites est chauffée à blanc ; et se fait jour, au sein même du sunnisme, une guerre très dure pour la définition de l'orthodoxie.

2

COMPRENDRE LES CRISES DE L'ISLAM CONTEMPORAIN

À présent que nous avons admis que rien n'est simple, il nous est possible de ne pas nous arrêter à ce constat et d'entrer un peu dans cette complexité. L'islam se déchire parce que l'opposition classique entre sunnites et chiites a pris récemment un tour dramatique ; et l'islam sunnite explose parce qu'il se déchire entre au moins deux définitions concurrentes de ce que signifie être musulman.

Le conflit sunnites-chiites

Le conflit qui oppose les sunnites aux chiites n'est sans doute pas le plus visible depuis l'Europe, et c'est peut-être la raison pour laquelle on n'y a longtemps guère prêté attention. Pourtant, si les chiites sont à peu près absents du continent européen, où les minorités musulmanes sont presque intégralement sunnites, ils représentent environ 15 % des musulmans de la planète, présents essentiellement

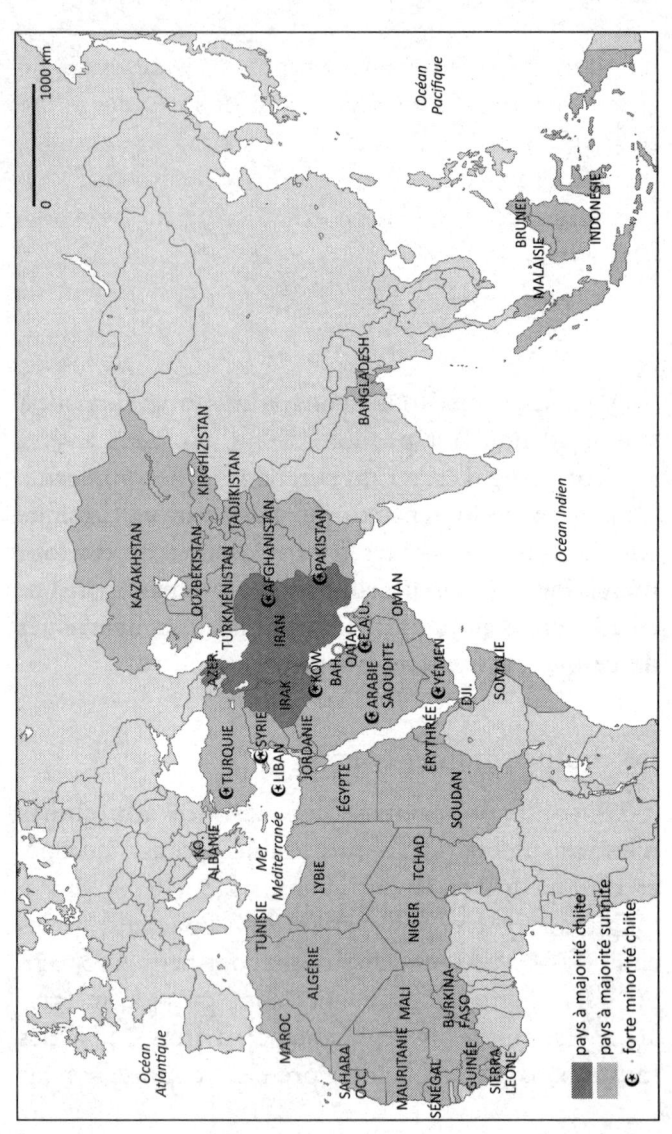

Océan
Atlantique

Mer
Méditerranée

Océan Indien

Océan
Pacifique

0   1000 km

MAROC
SAHARA
OCC.
MAURITANIE
SÉNÉGAL
GUINÉE
SIERRA
LEONE
MALI
BURKINA-
FASO
ALGÉRIE
TUNISIE
NIGER
TCHAD
LYBIE
ÉGYPTE
SOUDAN
ÉRYTHRÉE
DJI.
SOMALIE
YÉMEN
ARABIE
SAOUDITE
JORDANIE
LIBAN
SYRIE
IRAK
TURQUIE
ALBANIE
KO
KOW.
BAH.
QATAR
E.A.U.
OMAN
IRAN
AFGHANISTAN
PAKISTAN
AZER.
TURKMÉNISTAN
OUZBÉKISTAN
TADJIKISTAN
KIRGHIZISTAN
KAZAKHSTAN
BANGLADESH
MALAISIE
BRUNEI
INDONÉSIE

pays à majorité chiite
pays à majorité sunnite
forte minorité chiite

en Iran et au Proche-Orient (le chiisme est majoritaire en Irak et au Bahreïn, il compte des minorités influentes ou au pouvoir en Syrie, au Liban et au Yémen, et est présent significativement en Turquie et dans l'ensemble de la péninsule Arabique).

On se souvient que le chiisme s'est opposé dès les premières décennies de l'islam au courant majoritaire, qu'on appellera par la suite sunnisme, essentiellement pour des querelles politiques* : quand la famille omeyyade, un riche clan d'Arabie sans légitimité religieuse, prend les rênes de l'Empire arabe, les chiites protestent, considérant que seul un descendant du Prophète, à travers son gendre Ali, peut prétendre au califat. Cette opposition politique prend bientôt un tour nettement plus religieux : les chiites reprochent à l'islam majoritaire son juridisme, son littéralisme, son manque de perspective apocalyptique ; persécutés par le pouvoir, ils forment de petits mouvements souvent prêts à la révolte, marqués par des attentes messianiques et très attachés aux descendants de Mahomet qu'ils

---

* Le lecteur désireux d'en apprendre davantage sur le chiisme que cette présentation sommaire ne le permet se reportera avec profit à l'ouvrage de Mohammad-Ali Amir-Moezzi et Christian Jambet, *Qu'est-ce que le shî'isme ?*, Paris, Fayard, 2004.

considèrent comme des guides religieux indispensables.

Plus qu'un autre islam, ces premiers mouvements chiites représentent des éléments originaux, et bien souvent perturbateurs, au sein du monde islamique. Ils habitent les mêmes villes et les mêmes pays que les autres musulmans. Pendant des siècles, l'appartenance aux mouvements chiites est plutôt de l'ordre de l'opinion que de l'identité reçue et indiscutable : c'est un groupe parmi les autres, souvent réprimé et persécuté par les mouvements majoritaires. Le soutien de nombreux éléments chiites à la prise de pouvoir de la dynastie sunnite abbasside en 750 montre du reste que l'opposition reste relativement labile, incertaine. Que l'appartenance au chiisme du grand philosophe Avicenne, dont le père était à coup sûr un chiite ismaélien, puisse encore faire débat est le signe qu'autour de l'an Mil, les identités sont loin d'être figées et irréconciliables. Même quand les chiites parviennent à occuper des positions de pouvoir ou qu'ils prennent la tête de véritables empires, l'incertitude demeure. Dans l'Empire fatimide, gouverné par une dynastie chiite ismaélienne, qui domine le sud et l'est de la Méditerranée aux XIe et XIIe siècles, la population musulmane reste sunnite, sans qu'on connaisse de tentatives de la convertir de force. Il y a simplement plusieurs manières d'appartenir à l'islam, comme il y a plusieurs écoles de droit ou de spiritualité.

C'est probablement au XVIe siècle que les choses commencent à changer. Une dynastie chiite, les Safavides, prend le pouvoir en Perse, où elle fait de cette confession déjà majoritaire une véritable religion d'État. Le chiisme devient une identité précise, distincte du sunnisme qui ne peut plus lui faire subir vexations ni persécutions. Mais cette identité religieuse affirmée, capable de structurer une société dans son ensemble, reste limitée dans l'espace : à l'ouest, les communautés chiites demeurent discrètes dans la grande mosaïque religieuse qui peuple l'empire sunnite des Ottomans.

Au XXe siècle, le chiisme change de dimension et devient un véritable concurrent du sunnisme jusque sur son terrain privilégié, le monde arabe. Par la révolution de 1979, qui mène à l'établissement de la République islamique d'Iran, le chiisme innove. Des mouvements sunnites, comme les Frères musulmans, avaient bien cherché à mettre en place des régimes similaires, mais aucun n'y était parvenu. Tous les musulmans, loin de là, ne rêvaient pas d'un régime à l'iranienne chez eux, mais l'écho rencontré par cette nouvelle expérience dans l'ensemble du monde musulman est considérable. L'ayatollah Khomeyni, chef du clergé chiite iranien, leader de la révolution puis du nouveau régime,

devient la figure majeure de la résistance islamique
à la domination occidentale. Le leadership sunnite
sur l'islam mondial, longtemps incontestable, est
brutalement remis en question.

Le défi posé au sunnisme est aussitôt relevé par
une autre puissance, l'Arabie séoudite, traditionnel-
lement très hostile au chiisme, qui bénéficie depuis
quelque temps d'une alliance stratégique avec les
États-Unis et des revenus considérables que lui pro-
curent ses gigantesques réserves pétrolières. L'inva-
sion de l'Afghanistan par les Soviétiques permet aux
Séoudiens de prendre, avec l'appui de leur allié
américain, la tête d'un jihad mobilisant les musulmans du monde entier, et qui parviendra en dix
ans à faire reculer l'une des plus grandes puissances
du monde.

Dans le même temps, la révolution iranienne
peine à s'exporter. La guerre terrible qui oppose le
nouveau régime à l'Irak de Saddam Hussein isole
l'Iran du monde arabe et renvoie l'islam iranien à
son ghetto chiite. Qu'à cela ne tienne, l'Iran va
faire de cette faiblesse une force : ne pouvant parler
à tous, il entreprend de rassembler sous sa bannière
toutes les minorités plus ou moins chiites disper-
sées. Les alaouites de Syrie, qui occupent le pouvoir
depuis 1970, ou les houthistes du Yémen deviennent
des pions confessionnels sur un échiquier
géopolitique qui se soucie peu de théologie : une

identité chiite nouvelle se fait jour, assez peu religieuse, centrée sur l'alliance iranienne et l'opposition au sunnisme. Le bloc sunnite, lui, peine à s'organiser de façon cohérente, en particulier parce qu'il manque de leader clair ; l'Arabie séoudite et la Turquie, pour ne citer qu'elles, tentent l'une et l'autre d'en prendre la tête. L'opposition entre sunnites et chiites colore dès lors toutes les guerres de la région, quand elle n'en est pas directement la cause : le succès de Daech en Irak tient au sentiment de marginalisation des sunnites du Nord face à un État contrôlé par des chiites ; en Syrie, les espérances de démocratisation du printemps arabe ont depuis longtemps laissé la place à une guerre aussi brutale que complexe, dont la dimension communautaire est un aspect important ; les blocages de la politique libanaise tiennent largement à cet affrontement irréconciliable des blocs confessionnels, où les chrétiens ont cessé de jouer les premiers rôles.

On évoque parfois, pour décrire l'état de la région, les sanglantes guerres de Religion qui ont déchiré l'Europe au XVIᵉ siècle. La référence n'est pas sans valeur, pour la férocité des combats qui n'atteint ce degré que lors des guerres civiles. L'ironie est toutefois que cette guerre généralisée intervient à une époque où, sur le plan de la théologie, sunnites et chiites ne sont plus si éloignés. Il reste évidemment des contentieux doctrinaux, mais le chiisme des origines, dont certains courants allaient jusqu'à contester l'intégrité du Coran, attribuaient à Ali un statut quasi divin ou dérobaient la Pierre noire du sanctuaire de la Mecque, jugée comme un grigri idolâtre, s'est nettement assagi et ne crée plus guère de scandale chez les sunnites. Les deux grands ennemis de l'heure, l'Arabie séoudite et l'Iran, proposent tous deux des modèles de société alternatifs au monde occidental, mais leurs modèles sont jumeaux : le rigorisme religieux, sunnite, de l'un ressemble à s'y méprendre au rigorisme religieux, chiite, de l'autre. Le conflit, en ce sens, est probablement plus confessionnel – ou communautaire – que véritablement religieux.

Il n'en est pas moins violent, et sa violence brutalise d'une façon inouïe toutes les sociétés concernées. De ce point de vue, on est sans doute loin d'en avoir vu toutes les conséquences désastreuses. Mais on remarque que c'est à ce jour chez les sunnites qu'il provoque les métastases les plus destructrices. Le monde chiite demeure globalement organisé autour d'entités étatiques, qui restent de potentiels partenaires de négociation : il a toujours été plus facile de discuter avec l'Iran, même au plus dur de la période révolutionnaire, qu'avec un groupe terroriste. C'est pourquoi le camp chiite apparaît aujourd'hui comme porteur d'une certaine stabilité, qu'on l'apprécie ou non. En face, le monde sunnite est plus atomisé que jamais. Pourquoi ce conflit, qui semble plutôt resserrer les rangs des chiites, a-t-il des effets si délétères chez les sunnites ? Sans doute, entre autres, parce que la violence du conflit ravive les plaies d'un autre conflit, interne au monde sunnite celui-là. Un conflit dont nous subissons plus directement les conséquences, bien que nous n'en sachions généralement pas grand-chose. Un conflit mal compris, mais qui contribue à rendre l'islam contemporain à peu près incompréhensible.

La lutte pour l'orthodoxie sunnite

Ce conflit nous est souvent opaque, non seulement parce qu'il touche à des points parfois très techniques, mais parce que nous n'avons pas nécessairement le bon cadre de lecture des événements. Nous sommes marqués par un schéma d'explication très européen, celui des Lumières, selon lequel nous assisterions à une opposition au sein de l'islam entre des traditionalistes rétrogrades, voulant conserver des pratiques totalement médiévales, et des modernisateurs qu'il conviendrait d'épauler dans leur tâche d'avant-garde éclairée. Nous avons en tête, parce que c'est notre arrière-plan culturel, que la tradition est rétrograde et que la modernité est ouverte et rationnelle. Les méchants ne seraient donc qu'une queue de comète menant un combat désespéré, et sans doute d'autant plus violent qu'il est désespéré, contre le progrès. Le problème, c'est que cela n'a rien à voir avec la situation.

Pour résumer les acteurs en présence, en simplifiant évidemment, deux forces se disputent aujourd'hui la définition de l'orthodoxie musulmane sunnite.

La première, c'est l'islam sunnite traditionnel, l'islam impérial – c'est-à-dire celui qui s'est élaboré dans le cadre des Empires arabe et ottoman et leur a servi de structure religieuse, législative et spirituelle. Cette longue expérience du pouvoir, exercé sur des populations très diverses, l'a obligé à concevoir des outils de gestion de la diversité. Pour quiconque travaille sur cet islam classique, la diversité est un élément essentiel, à rebours de l'image qu'on se fait souvent d'un islam qui serait obsédé par l'unité et l'uniformité.

D'abord, l'islam impérial donne un cadre, évidemment tout à fait dépassé aujourd'hui mais relativement généreux au Moyen Âge, pour organiser la diversité confessionnelle dans l'empire, en permettant aux juifs et aux chrétiens de pratiquer leur culte – et trouve des astuces pour y intégrer d'autres traditions religieuses comme l'hindouisme. Cela ne veut pas dire que la cohabitation interreligieuse y soit toujours idéale : elle est au contraire inégalitaire et, pour les minorités, structurellement humiliante. Mais, sans toujours éviter de possibles flambées de violence, l'islam classique permet à des communautés religieuses différentes d'habiter bon an mal an les mêmes territoires pendant des siècles. Le génocide des Arméniens, au début du XXᵉ siècle, marque tragiquement l'effondrement de ce monde ancien, désormais remplacé par des idéologies modernes, en l'occurrence le nationalisme turc, porteuses de conceptions nouvelles du massacre et enfin libérées des valeurs rétrogrades de coexistence pacifique.

Ensuite, l'islam impérial organise la diversité en son sein, dans l'islam lui-même : l'expression la plus évidente en est la diversité juridique. L'islam classique accepte ainsi de faire cohabiter au moins quatre écoles de droit (à certaines époques, il en a même existé une quinzaine), qui se reconnaissent entre elles comme légitimes, alors qu'elles interprètent de manière différente la Loi divine. Ce n'est pas rien : quatre manières de comprendre la volonté de Dieu, distinctes mais pouvant cohabiter en bonne intelligence ! Quatre versions de la fameuse charia, dont il devient dès lors difficile de faire un absolu indépassable. Quatre lectures légitimes de la Loi, comme les chrétiens ont quatre évangiles pour parler d'un seul Christ.

L'islam impérial a su également, après des tâton-
nements, accepter et légitimer la diversité théologique au sein de l'islam. Si les premiers siècles de
l'Empire abbasside virent s'opposer durement, dans
la violence, les premières écoles théologiques de
l'islam, l'école qui peu à peu s'impose, appelée
d'après son fondateur l'école acharite, est au contraire
une école de compromis, promotrice d'un « islam
du juste milieu ». Le propre de la pensée acharite
est peut-être d'autoriser une diversité d'approches
considérées toutes comme légitimes. Un de ses plus
éminents représentants, Ghazali, a même écrit un
petit livre, d'ailleurs traduit récemment en français
sous le titre *Le Critère de distinction entre l'islam et
l'incroyance* *, où il explique comment il se fait que
des musulmans peuvent affirmer des choses contradictoires sur Dieu. Là où cette diversité se traite
généralement par l'alternative entre vrai et faux, il
propose une analyse bien plus fine, distinguant cinq
niveaux différents de réalité. La réalité du livre que
vous tenez entre les mains, objet concret à l'existence incontestable, n'est pas la même que celle du
rêve que vous avez fait la nuit dernière, et pourtant
votre rêve n'était pas faux : c'était un vrai rêve. Si
je dis que, sans mes lunettes, je suis une vraie taupe,

---

* Traduit et présenté par Mustapha Hogga, Paris, Vrin,
2010.

cela ne signifie pas que je vais me transformer en petit mammifère souterrain : c'est une image et, comme image, elle est vraie. Les musulmans, pour Ghazali, sont tous ceux qui acceptent les textes révélés, le Coran et la tradition du prophète, et les considèrent comme vrais dans au moins un de ces cinq sens, à un de ces cinq niveaux. Le sens littéral n'est que l'un des cinq sens possibles. C'est naturellement le niveau préférable, et pour s'en éloigner, il faut pouvoir le justifier par un raisonnement. Mais croire qu'on peut toujours être dans le sens littéral est une illusion, souligne Ghazali, en citant trois traditions du Prophète tout à fait inacceptables au sens littéral (comme le hadith selon lequel la Pierre noire serait la main de Dieu sur la terre). On a besoin des cinq niveaux pour lire le texte révélé. Bien sûr, on peut se tromper de niveau de lecture : c'est une erreur, mais pas un cas d'excommunication. On ne cesse pas pour autant d'être musulman. On constate au passage que ceux qui soutiennent que l'interprétation des textes sacrés est interdite en islam n'en connaissent manifestement pas la tradition. Cela ne signifie pas qu'il n'existait pas, en ces temps anciens, de littéralistes parfois virulents ; mais ils n'étaient qu'une école parmi d'autres, ne pouvant prétendre faire taire les autres.

Il est vrai toutefois que cette acceptation de la diversité avait ses limites : Ghazali, dans le même ouvrage, exclut de sa large tolérance une école théologique de l'islam et non des moindres, celle des « philosophes » qui, de Farabi à Avicenne, avaient cherché à concilier la révélation coranique avec les doctrines grecques, essentiellement néoplatoniciennes.

La diversité de l'islam classique est encore spirituelle. L'apparition de grands mystiques, au IXᵉ siècle, avait été difficile, parfois scandaleuse : Hallaj, à Bagdad, fut ainsi crucifié pour avoir déclaré : « Je suis la Vérité » (c'est-à-dire Dieu). Mais là encore, le soufisme, terme général qui désigne les formes spirituelles de l'islam, avait gagné progressivement sa légitimité, tant dans une approche savante (philosophique ou traditionnelle) que sous des formes plus populaires. Les confréries soufies sont devenues peu à peu structurantes des sociétés musulmanes arabes. Certaines formes de dévotion issues du soufisme, ou popularisées par lui, ne rencontrent pas l'unanimité : le culte des saints, qui se manifeste notamment par de grandes fêtes populaires à l'occasion de leur anniversaire et des visites à leur tombeau, a pu provoquer des critiques, voire des condamnations de savants ; il n'en est pas moins demeuré pendant des siècles une des formes les plus vivantes de la vie religieuse islamique populaire.

Cet islam-là a élaboré au fil des siècles une tradition de sagesse pratique, qui s'exprime par un certain équilibre. Un exemple : la fameuse lapidation prévue par les sources musulmanes pour punir les femmes adultères n'a été, semble-t-il, au cours des quatre siècles qu'a duré l'Empire ottoman, mise en pratique qu'une seule fois, à Istanbul ; et les chroniqueurs qui rapportent le fait en sont absolument horrifiés. C'est que les savants musulmans classiques n'avaient en général guère plus d'appétit que nous pour un châtiment aussi barbare qu'ils cherchaient à tout prix à éviter et qui, nous l'avons dit, ne vient même pas du Coran. La doctrine juridique veut donc que, pour que l'adultère soit établi, on dispose de quatre témoins (c'est ce que demandent les sources) ; et ce terme est volontairement compris en son sens le plus fort : les quatre témoins doivent avoir été témoins oculaires de la pénétration elle-même. Cela suppose des conditions particulièrement peu communes. Une condamnation à la lapidation pour adultère devenait, dans les faits, à peu près impossible.

Vous l'aurez compris, je ne mentionne pas là le fait que certains musulmans soient des gens tout à fait généreux et sensibles, mais bien la pratique que l'islam a eue, des siècles durant, de son propre héritage. C'est une manière de vivre l'islam, qui est probablement légitime puisqu'elle a dominé l'essentiel de l'histoire musulmane, et conserve une influence considérable.

Cet islam classique est aussi un islam culturel. Cela ne veut pas dire qu'il n'est pas religieux, mais qu'il s'inscrit dans un cadre culturel, dans une société, dont il n'est pas facilement dissociable. C'est-à-dire qu'il était possible, dans cet univers, d'être authentiquement musulman sans être constamment mobilisé sur des questions religieuses : le religieux fait partie de la vie, il ne vient pas la bouleverser quotidiennement pour tout le monde. L'islam, à la période classique, ne se prétend pas une doctrine pour une élite de militants surengagés. C'est une maison large, ouverte à la société dans son ensemble. Elle a des limites, bien sûr, qu'elle garde jalousement : l'apostasie y est punie de mort. Mais l'objectif est clairement d'y faire entrer le plus grand nombre possible de musulmans.

Bien évidemment, quand on essaie de démontrer que l'islam est pacifique et tolérant, c'est en général à cet islam-là qu'on se réfère, d'autant plus facilement que ce cadre, l'islam classique et impérial, est celui qui fait référence, ou du moins qui faisait référence jusqu'à récemment.

Car cet islam impérial a connu quelques soucis. Au XIXᵉ siècle, quand la supériorité technique et scientifique de l'Occident est devenue évidente, en se doublant d'une supériorité militaire qui a permis la colonisation d'immenses territoires musulmans, on l'a accusé, au sein même du monde musulman, d'être la cause de la décadence de la civilisation arabo-musulmane, d'avoir trahi, de s'être sclérosé, d'avoir perdu la vigueur de l'islam des origines à force de subtilité juridique et théologique. L'islam, qui se pense comme l'achèvement de l'histoire religieuse de l'humanité, a pu s'enorgueillir pendant des siècles d'avoir accompagné la civilisation la plus brillante du monde : il était logique que les deux aillent de pair. L'apparition d'un Occident plus prospère, plus savant et considérablement plus puissant remettait en question des évidences solidement établies. Comment comprendre le rôle de l'islam, qui de l'aveu général avait favorisé l'éclosion de la civilisation florissante des califes, dans ce qui apparaissait désormais comme un retard, sinon une décadence ? Des mouvements de réforme sont nés, qui voulaient moderniser l'islam : certains, qui voyaient en lui la cause du retard, entendaient le moderniser en le laïcisant, en l'occidentalisant, pour qu'il cesse d'entraver la marche vers le progrès ; d'autres, qui jugeaient au contraire que c'était un dévoiement de l'islam qui avait mis le monde musulman en si fâcheuse posture, souhaitaient le moderniser en revenant à l'origine, en retrouvant sa vitalité des premiers temps.

C'est dans ce dernier mouvement qu'apparaît le salafisme. Les *salaf*, ce sont les pieux anciens, les trois premières générations musulmanes, formées par l'exemple ou le souvenir encore frais de la vie du Prophète et considérées à ce titre comme un modèle indépassable, encore préservé de la dégradation progressive de la tradition. En ce temps-là, l'islam était encore pur ; et il était puissant, capable de conquérir en quelques décennies, face aux plus puissants empires, des territoires gigantesques. Ce qui s'est construit par la suite – système juridique, élaborations théologiques, organisation politique et sociale – n'était que l'amorce d'une décadence devant conduire à la catastrophe présente. Le modèle n'était pas l'empire des grands califes abbassides, considérés comme les premiers symptômes du désastre, mais la communauté primitive de Médine, seule dépositaire d'un âge d'or certes indépassable mais, Dieu merci, pas inimitable.

Cette préoccupation pour l'origine comme source d'un possible renouveau apparaît chez des penseurs qui veulent moderniser l'islam à la fin du XIXe siècle ; et cette volonté modernisatrice rencontre sur sa route un mouvement théologique totalement marginal, le wahhabisme, né à la fin du XVIIIe siècle dans une oasis des déserts d'Arabie, qui promeut un islam bédouin à la fois très simple et très rigoriste, loin de la décadence de l'islam des villes, centré sur une interprétation très stricte de l'unicité divine. Particulièrement sectaire, condamnant comme apostat (et donc théoriquement passible de mort) tout musulman qui refuse cette conception, le wahhabisme est, à son apparition, refusé par toutes les autorités intellectuelles de l'islam qui y voient une hérésie simpliste et dangereuse. Mais le mouvement doit son succès à l'alliance que son fondateur, Muhammad ibn Abd al-Wahhab, contracte avec un chef de tribu, Ibn Seoud, qui a perçu le potentiel politique inouï de la pensée de ce prédicateur de village. Ensemble, ils partent à la conquête de l'Arabie. L'aventure connaîtra des revers, mais leurs descendants reprendront le flambeau, jusqu'à parvenir une bonne fois pour toutes à leurs fins en fondant, en 1932, l'actuelle Arabie séoudite, du nom de la dynastie régnante.

Ces deux mouvements assez différents – la volonté modernisatrice de quelques intellectuels et la religion bédouine et sectaire d'Arabie séoudite – vont opérer, au début du XXᵉ siècle, une jonction inattendue, au nom de la pureté de l'imitation du Prophète et de ses compagnons. La mobilisation du jihad contre les Soviétiques en Afghanistan, qui rassemble des musulmans du monde entier sous une bannière séoudienne, permet à l'idéologie salafiste de se répandre à travers des militants prestigieux. Dès la fin des années 1970, une partie de la jeunesse diplômée du monde arabe, faute de débouchés ailleurs, vient louer son savoir-faire en Arabie ; elle rentre ensuite au pays avec quelques économies et bien souvent une nouvelle conception de l'islam, fort éloignée de celle que ses parents lui ont transmise. Les ressources presque illimitées dont dispose la monarchie séoudienne grâce au pétrole lui permettent de mettre en place, au cours des années 1980 et surtout 1990, de véritables organisations de propagande visant à convertir les musulmans du monde entier à la conception salafiste de l'islam. Les mêmes revenus pétroliers lui donnent également la possibilité de créer de puissantes universités religieuses, qui concurrencent bien vite les universités traditionnelles en perte de vitesse et forment des imams selon les canons du mouvement. En quelques années, l'idéologie se répand si bien que, d'une hérésie condamnée et prise de très haut par les autorités musulmanes à ses débuts, elle devient un candidat sérieux au statut de nouvelle orthodoxie.

Le salafisme n'est pas un mouvement traditionnel. C'est même exactement le contraire : il refuse l'islam traditionnel, il refuse la tradition, ce qui se transmet de génération en génération, au nom d'un rapport direct à l'origine. Les salafistes jouent leurs arrière-arrière-arrière-arrière-grands-parents   contre leurs parents et grands-parents. Ils refusent l'islam qu'ils ont reçu, qui est l'islam traditionnel, classique, impérial, au nom d'un autre islam, jugé plus authentique. Ce n'est pas un mouvement conservateur : au contraire, il cherche à dynamiter le passé, l'héritage, au nom d'un passé nettement plus lointain et donc nécessairement fantasmé. Car l'ennui, ou l'avantage, avec les arrière-arrière-arrière-arrière-grands-parents, c'est qu'on ne les a pas connus. On peut donc leur faire dire à peu près ce qu'on veut. Les parents et les grands-parents, c'est plus complexe, cela résiste. Mais le passé lointain ouvre de vastes champs à l'imagination.

Cet islam-là n'est pas lesté par des siècles d'expérience historique des responsabilités. Il n'a jamais eu à faire cohabiter des peuples, à appliquer des lois, à se confronter à un réel qui existe, qui résiste et qui oblige à faire aussi de la politique – qui est l'art du compromis avec le réel.

Cet islam-là ne s'embarrasse pas de culture : il est religieux, et rêve que toute la vie des individus soit réglée par des préceptes religieux. Il rêve de musulmans chimiquement purs, qui ne seraient que musulmans et pas en même temps égyptiens, pharmaciens, fans de football, sensibles à la poésie classique et allergiques au poil de chat. Cela atteint dans certains cas des niveaux absurdes. Il y a ainsi un grand débat qui agite des milieux salafistes : des

textes disent que le Prophète était friand de pas-
tèque, et certains salafistes, de ce fait, en mangent
à tous les repas ; d'autres textes affirment qu'il n'en
mangeait jamais, et d'autres salafistes, en conséquence, n'en mangent jamais. Le débat théologique
fait donc rage : faut-il manger des pastèques ? La
question reste entière, mais ce qui est sûr, c'est que
le goût personnel n'entre pas en compte.

Cet islam total a un problème, on s'en doute,
avec la diversité. Que l'islam classique ait pu admettre
quatre écoles de droit, quatre interprétations différentes de la Loi divine, est insupportable à de nombreux salafistes. La Loi divine doit être univoque,
identique, claire. Elle repose sur un présupposé littéraliste : il suffit d'ouvrir le Coran pour le comprendre. Les plus rigoristes, les plus littéralistes de
l'islam classique n'allaient pas jusque-là. Ce littéralisme est une illusion grave, qui laisse croire qu'un
texte du VIIe siècle écrit en Arabie est immédiate-
ment compréhensible par un musulman français du
XXIe, sans place pour le raisonnement, la hiérar-
chisation, l'élaboration intellectuelle. Pour eux, il
ne peut y avoir qu'une seule volonté de Dieu,
nécessairement claire et nette, nécessairement évidente et non équivoque, puisque l'accomplir est la
seule voie vers le paradis. On entend souvent dire
que l'islam interdit l'interprétation des textes : c'est
en tout cas l'opinion des salafistes, à contre-courant

de l'essentiel de la tradition théologique qui les précède.

Ennemi déclaré de la pluralité des interprétations, le salafisme est aussi très hostile à un grand nombre de pratiques liées au soufisme, qui dans beaucoup de pays constituent la trame même de la religiosité populaire : la vénération des saints ou les fêtes anniversaires du Prophète et de membres de sa famille sont condamnées avec une virulence extraordinaire, et assimilées à du polythéisme, le crime suprême. On constate d'ailleurs que ces pratiques, longtemps remarquablement populaires, déclinent dans le monde arabe, sans pour autant disparaître. Les formes de spiritualité soufies, comme l'invocation du nom de Dieu, qui s'écartent du strict déroulement de la prière rituelle déjà pratiquée par le Prophète, sont considérées comme des « innovations blâmables », le nom musulman de l'hérésie. Il n'est pas rare que ce soit le soufisme dans son ensemble, en bloc, qui soit rejeté par les salafistes hors des frontières de l'islam.

Le salafisme entretient un rapport complexe à la violence et à la politique. Il est sectaire, considérant que ce qui n'est pas salafiste se place du même coup hors de l'islam, mais il serait faux d'en conclure qu'il est toujours violent. La majorité des salafistes sont au contraire quiétistes, se désintéressent de la politique et prônent la soumission aux autorités, quelles qu'elles soient. C'est la raison pour laquelle beaucoup de régimes arabes, aux prises avec des organisations musulmanes nettement plus politisées et contestataires, comme les Frères musulmans, ont vu d'un bon œil l'arrivée du salafisme, au cours des années 1970 et 1980, comme une alternative musulmane radicale, mais apolitique, à leurs mouvements d'opposition. C'est du reste ce salafisme quiétiste que soutient et encourage l'Arabie séoudite, qui ne souhaite pas se fâcher avec ses voisins ni avec l'Occident. Ce sont pourtant toujours des groupes issus du salafisme qui prendront les armes, en Égypte contre le président Anouar al-Sadate, assassiné en 1980, en Algérie dans les années noires de la guerre civile, contre l'Occident sous la bannière d'Al-Qaïda puis de l'État islamique. Le jihadisme contemporain vient toujours du salafisme. Cela ne permet pas d'identifier salafistes et terroristes : la grande majorité des salafistes est absolument pacifique. Mais guerrier ou non, le salafisme crée les conditions intellectuelles et spirituelles de la violence. Sans lui, les grandes internationales jihadistes qui terrorisent notre époque n'auraient jamais vu le jour.

Cet islam-là est-il conforme à l'islam des origines ? Certainement pas. Tout d'abord parce que l'imitation du passé n'est pas le passé : vous pouvez vous poudrer et porter la perruque, vous ne serez jamais à la cour de Louis XIV, ni même comme à la cour de Louis XIV, pour la bonne et simple raison qu'à la cour de Louis XIV, on n'imitait rien. On était soi-même, on était de son temps, on ne vivait pas dans l'obsession du passé – ce qui, peut-être, a permis précisément à ce temps d'être grand. De plus, nous connaissons mal l'islam des origines : les sources sont tardives, et laissent donc tout l'espace à une reconstruction imaginaire digne des remparts de Carcassonne.

Le salafisme n'est pas l'islam des origines, mais est-il la vérité de l'islam ? Certainement pas. Ceux qui le répètent aujourd'hui, en nous disant que l'islam est nécessairement littéraliste, hostile à toute diversité, brutal, etc., ne font que reprendre les thèses salafistes. Ils se laissent convaincre par les salafistes. Notre devoir est, au contraire, de résister à ces thèses. Nous n'avons pas à choisir quel est le « vrai visage » de l'islam, mais continuer à tenir qu'il en a plusieurs – pas parce que cela nous fait plaisir, mais parce que c'est vrai. L'islam a plusieurs visages, et le salafisme, que cela nous plaise ou non, est aussi l'un d'eux. Rien ne permet, de l'extérieur, de le disqualifier *a priori*, de l'exclure de cet islam dont il se réclame.

La crise de l'islam à laquelle nous assistons est donc une crise de modèle, sur fond de concurrence entre ces deux manières bien différentes de vivre l'islam. Longtemps en position écrasante de force, l'islam classique, traditionnel, a d'abord considéré le salafisme naissant comme une hérésie de Bédouins illettrés. La condamnation du salafisme naissant était alors sans appel. Aujourd'hui, la concurrence est rude entre ces deux conceptions radicalement différentes, et le salafisme parvient à contester au premier son monopole séculaire de définition de l'orthodoxie. L'hérésie semble même en passe, dans beaucoup d'esprits, de devenir l'orthodoxie elle-même. Car la frontière, si elle est claire au plan doctrinal, ne l'est pas tant que cela dans les appartenances. Les musulmans ne sont pas, pour la plupart, dans un camp ou un autre ; mais ils en subissent plus ou moins l'influence, et force est de reconnaître que l'influence du salafisme est grandissante, dans le monde arabe comme en Europe. On observe que des musulmans croyants, bien au fait de leur religion, qui refusent le salafisme et avancent de bonnes raisons pour le faire, ont cependant déjà capitulé sur l'essentiel : ils admettent que les salafistes sont plus musulmans qu'eux, et vivent avec la mauvaise conscience de défendre des conceptions qu'ils jugent préférables mais au fond moins islamiques. Toutes choses égales par ailleurs, on songe à la gauche française des années 1960 : même les adversaires du Parti communiste au sein de la gauche avaient fini par admettre que les communistes représentaient, au fond, la véritable gauche ; ils ne pouvaient donc les critiquer, même pour les meilleures raisons, qu'avec le désagréable sentiment de trahir la cause. Le rapport de force moral n'est donc pas sans effets, et il semble qu'il ait basculé dans bien des cas au profit du salafisme.

Ce succès du salafisme profite de la faiblesse déjà ancienne des institutions de l'islam classique. Depuis des décennies, le discours de ces dernières manque de prises sur le réel et reste prisonnier, sans créativité, des schémas anciens élaborés patiemment au Moyen Âge, avec sagesse et mesure. Depuis trop longtemps, cet islam-là, qui est bien plus sympathique à l'Occident que le salafisme, se montre incapable de répondre avec netteté aux questions posées par la modernité. Démocratie, droits de l'homme, droits des femmes, ces sujets modernes remettent évidemment en question les cadres juridiques classiques, mais on attend encore des réponses sérieuses, capables de conjuguer une tradition si riche et les aspirations d'aujourd'hui. Car le salafisme, mouvement moderne, né en réaction à la modernité, a quant à lui des réponses claires à proposer dans tous ces domaines. La démocratie ? C'est non. Une déclaration universelle des droits de l'homme ? C'est non. Des droits des femmes égaux à ceux des hommes ? C'est encore non. Il est remarquablement plus adapté pour dire, aujourd'hui, ce qu'il faut penser. Les institutions héritières de l'islam classique semblent tétanisées, incapables de sortir des réponses élaborées il y a des siècles pour des questions qui ne se posent plus, comme si prendre le risque d'innover était s'exposer précisément au sarcasme des salafistes. La solidité de ces institutions classiques tient justement à leur conservatisme ; mais c'est aussi ce dernier qui laisse un espace immense au salafisme. En effet, la réponse qu'il donne aux questions du temps ne nous plaît peut-être pas, mais il a au moins le mérite d'en donner. C'est d'ailleurs pour cela que je ne suis pas à l'aise avec le discours fréquent qui nous répète que l'islam doit procéder à son *aggiornamento*. Il l'a déjà fait, et cet *aggiornamento*, c'est le salafisme. L'urgence n'est pas, pour l'islam, de rompre avec sa tradition, mais au contraire de retrouver un rapport apaisé, constructif, avec sa tradition.

On voit combien on est loin du schéma des Lumières. Le conflit auquel nous assistons n'est aucunement celui de la raison moderne contre la tradition rétrograde. L'islam républicain, moderne, enthousiaste de la laïcité, respectueux de la liberté religieuse, féministe, démocrate, en un mot l'islam des Lumières, existe sans doute dans la conscience de certains croyants, en particulier en Europe. Mais force est d'admettre qu'il ne pèse encore guère dans les débats internes de l'islam contemporain, et que les convulsions violentes d'aujourd'hui ne sont pas le syndrome d'une résistance désespérée à son triomphe imminent.

Salafisme ou islamisme ?
Un mot sur l'islam politique

Cette distinction entre deux manières très différentes de vivre l'islam, qui s'opposent aujourd'hui pour représenter l'orthodoxie sunnite, ne recoupe pas celle que je récusais plus haut, entre islam et islamisme. Tout d'abord parce que je me garde bien d'identifier l'islam impérial à l'islam tout court, et de voir dans le salafisme une forme de déviance par rapport à cette norme : ce sont simplement deux manières parmi d'autres, cohérentes et répandues, de comprendre la réalité multiforme de l'islam. Je n'ai pas à entrer dans leur conflit de légitimité, que je me contente d'observer, n'étant pas musulman.

Mais surtout, il importe sans doute de préciser ici que le salafisme n'est pas, ou au moins pas seulement, et même pas d'abord, ce qu'on appelle couramment l'islamisme. Pour beaucoup de chercheurs, le terme « islamisme » désigne des organisations

politiques structurées, cherchant à prendre le pouvoir pour mettre en place un régime considéré
comme islamique. Si l'on veut donner au mot
« islamisme » un contenu précis, il est bon de le
leur réserver. On parle aussi, à propos des mêmes
mouvements, d'islam politique.

La première et, pour le monde arabe, la principale de ces organisations, ce sont les fameux Frères
musulmans, fondés en Égypte en 1928, en réaction
à l'échec de la civilisation islamique face à l'offen-
sive coloniale européenne. Son fondateur, l'institu-
teur d'Ismaïlia Hassan al-Banna, part au fond du
même constat que les premiers salafistes : il faut
régénérer la société pour lui redonner la force de
résister à l'adversaire. Mais cette régénération ne
passe pas par une réforme de l'islam : il s'agit simplement d'appliquer l'islam, de gouverner en son
nom. La doctrine initiale des Frères mêle une forme
de nationalisme, qui contribuera grandement à sa
popularité en Égypte alors que la colonisation bri-
tannique est de moins en moins bien supportée, et
des références religieuses et moralisantes omnipré-
sentes. Des slogans célèbres font mouche : « L'islam
est la solution » ; « Notre Constitution, c'est le
Coran » ; « La démocratie, c'est la *shura* [le conseil,
organe traditionnel] » ; « Une seule loi, la charia ».
L'islam est la solution, mais on ne précise pas de

quel islam on parle : cela semble une réalité évidente, intemporelle.

À la même période, d'autres mouvements apparaissent, dans d'autres régions du monde, qui sont porteurs de revendications similaires, en particulier le Jama'at-i Islami de Mawdudi, fondé en 1943 en Inde. Même dans le monde chiite, la Révolution iranienne naîtra portée par des mouvements d'idées relativement analogues, aux objectifs voisins.

Ces mouvements d'islam politique, islamistes au sens strict, qui font de l'islam l'élément de référence de leur idéologie politique, ne sont pas tout à fait sans lien avec le salafisme. Certains de ses penseurs, comme le Frère musulman Sayyid Qutb, exécuté en 1966, montrent quelles affinités idéologiques peuvent exister entre islamisme et salafisme : certains islamistes – pas tous – prônent un islam de type salafiste. Néanmoins, il reste important de bien les distinguer, faute de quoi on se condamne à ne pas comprendre ce qui se passe : ainsi, les suites des fameux « printemps arabes » de 2011 ont vu souvent s'affronter islamistes et salafistes, au point qu'en Égypte, ces derniers ont soutenu activement, avec leur puissant parrain séoudien, la prise de pouvoir de l'armée contre un président issu des Frères musulmans, à l'été 2013.

Islamistes et salafistes s'opposent d'abord sur la question du pouvoir. Pour les salafistes, soucieux surtout de vivre comme les pieux ancêtres, comme au temps du Prophète, cette question est secondaire, alors qu'elle fascine littéralement les tenants de l'islam politique. On a souligné combien les Frères musulmans, hiérarchisés, disciplinés, s'inscrivaient dans le contexte de succès du léninisme, qui identifiait révolution (une révolution évidemment bien différente) et prise de pouvoir, d'où la nécessité de former des révolutionnaires professionnels, capables de hâter cette dernière. Les Frères musulmans représentent une machine politique, visant à obtenir le pouvoir qui permettra ensuite de transformer la société.

Mais cette fascination pour le pouvoir n'aide guère à penser ce qui suit la prise de pouvoir. En matière de contre-société, les islamistes se révèlent beaucoup moins créatifs que les salafistes. Parvenus au pouvoir, en Iran, en Turquie, en Tunisie ou en Égypte, les islamistes doivent se confronter à la vacuité de leurs slogans, qui ne sont guère porteurs de la transformation promise. La promotion du voile et l'indignation moralisatrice contre les boîtes de nuit ne font pas une politique. L'adjectif « islamique » accolé partout n'est pas un programme réaliste, et il apparaît par exemple bien vite que l'économie islamique n'a rien de très différent de l'économie tout court, le plus souvent dans sa version libérale. C'est que les Frères ne cherchent pas à détruire le monde moderne dont ils sont d'ailleurs généralement, par leur recrutement sociologique, de dignes représentants. Ils s'accommodent très bien du cadre de l'État-nation, dans lequel ils s'inscrivent, en renonçant à l'idée de califat de tous les musulmans du monde encore présente chez leur fondateur, tout comme la République islamique d'Iran avait rapidement mis fin à ses ambitions universelles pour épouser un nationalisme persan faisant fort bon ménage avec une approche *realpolitik* des relations internationales. Les islamistes n'ont pas de véritable contre-modèle à opposer à la modernité ; ils cherchent surtout à islamiser la modernité. Les attentes créées sont vite déçues, comme l'ont montré l'Égypte et la Tunisie où les islamistes n'ont pu se maintenir au pouvoir, pourtant gagné démocratiquement, que pour une brève période. Quand ils s'y maintiennent, c'est en se contentant de mettre en place des législations conservatrices, comme en Turquie, où le président Erdogan – héritier du militant islamiste Erbakan – n'hésite pas à aller chercher son inspiration ailleurs, en particulier dans le nationalisme turc. L'exemple iranien, où les institutions théocratiques ont donné naissance à la société civile la plus sécularisée du monde musulman, montre que l'emprise de ces pouvoirs, même autoritaires, sur les sociétés reste faible.

La force du salafisme est au contraire dans sa proposition solide d'une société différente, sur le modèle de la communauté primitive de Médine. Quand il parvient au pouvoir sur un territoire, comme le montre l'État islamique, les structures politiques modernes sont dynamitées, et remplacées par des formes pré-modernes d'organisation politique, rejetant par exemple la notion même de frontière. Et là où les salafistes au pouvoir ne renversent pas les structures politiques, et cherchent à s'inscrire dans un cadre d'État moderne, comme en Arabie séoudite, ils risquent alors d'être débordés par des salafistes plus radicaux, qui ne manquent pas de souligner la contradiction entre l'idéologie proclamée et la pratique effective. On l'ignore trop souvent : l'opposition principale à la monarchie salafiste en Arabie séoudite vient du salafisme lui-même. Depuis les origines mêmes de l'État wahhabite, la monarchie est régulièrement prise en étau entre les obligations réalistes du cadre étatique qu'elle pratique (avec en particulier des alliances, une diplomatie) et l'enthousiasme de ses soutiens qui, croyant fermement aux principes qu'on leur a enseignés, veulent en tirer toutes les conséquences et bouleverser totalement le jeu politique, en pratiquant notamment le jihad, la guerre sainte à outrance contre tous ceux qui ne leur sont pas soumis.

Cela nous amène à la principale différence qui distingue les salafistes des islamistes. Les Frères musulmans n'ont rien d'enfants de chœur innocents. La recherche du pouvoir a pu s'accommoder pour eux, selon les temps et les pays, de toutes les méthodes possibles, y compris l'assassinat politique, mais aussi la voie démocratique et parlementaire, ou le soutien à des coups d'État militaires. L'insurrection elle-même n'est pas, au besoin, exclue *a priori* de l'arsenal. Quant à l'Iran post-révolutionnaire, on peut le soupçonner d'avoir plus d'une fois joué avec les allumettes, dans plusieurs pays. Il ne s'agit pas de les exonérer de tout recours à la violence. Mais force est également de constater que les mouvements jihadistes, décidés à mener des guerres sans fin en recourant notamment au terrorisme, ne sont jamais issus de la matrice islamiste ; toutes les dérives terroristes naissent, en revanche, de l'idéologie salafiste. Dans l'Algérie des années noires, c'est le Front islamique du salut (FIS), islamiste, qui est interdit et réprimé alors qu'il était sur le point de remporter les élections législatives en janvier 1992, mais c'est le Groupe islamique armé (GIA), d'obédience salafiste, animé par des chefs formés au jihad en Afghanistan, qui choisit la lutte armée et la violence terroriste. À l'exception d'un petit groupe d'Égyptiens qui a rejoint Ben Laden en Afghanistan à la fin des années 1980, on ne connaît pas de cas de radicalisation jihadiste venue du terreau de l'islam politique. Al-Qaïda et l'État islamique ne descendent en aucune manière des Frères musulmans, ni par les militants, ni par l'idéologie.

Après avoir cru leur heure venue à l'occasion des printemps arabes, les mouvements d'islam politique, Frères musulmans en tête, ont vu la situation leur échapper, notamment du fait de l'hostilité à leur égard de salafistes non moins déterminés. Les Frères musulmans, qu'on imaginait sur le point de rafler la mise dans tout le monde arabe il y a cinq ans, ne sont plus au pouvoir nulle part et, dans bien des cas, se trouvent en très fâcheuse posture. Il est probable que leur extrême discipline de parti leur permettra une fois encore de survivre à la crise. Mais s'il n'est pas exclu qu'ils jouent de nouveau un rôle politique à l'avenir, les mouvements islamistes au sens strict, les forces de l'islam politique, n'ont guère d'impact sur les débats proprement religieux concernant l'islam contemporain, débats auxquels ils ne se sont jamais vraiment intéressés.

3

DE QUELQUES QUESTIONS LÉGITIMES
(ET QUELQUES IDÉES REÇUES)

Le danger, à ce stade, est que le lecteur ne sache plus très bien quoi faire des questions qui le taraudent à propos de l'islam. Les chapitres qui précèdent l'auront peut-être convaincu qu'elles ne sont pas si faciles à poser, mais vont-ils pour autant l'aider à y répondre ? Pourtant, si le cadre explicatif proposé ici n'éclaire pas ces interrogations, à quoi sert-il ? Faute de pouvoir les traiter toutes, essayons de nous débrouiller avec trois exemples de questions aussi récurrentes que brûlantes.

L'islam est-il incompatible avec la démocratie ?

Le bilan globalement désastreux des printemps arabes, à cinq ans de leur commencement dans l'espoir et l'enthousiasme, nourrit le soupçon : l'islam serait-il incompatible avec la démocratie ? Les dérives autoritaires du pouvoir turc, les handicaps structurels du Liban et les fragilités de l'expérience

tunisienne affaiblissent tous les contre-exemples. Le
constat est partagé, comme pouvait l'être en 1945
celui de l'impossibilité d'acclimater la démocratie
chez les Allemands, mais le diagnostic divise. Faut-
il comprendre cette situation dans le contexte plus
large des difficultés de la démocratie, née lentement
et non sans douleur en Occident, à prendre racine
hors de sa culture d'origine ? S'explique-t-elle par
les conditions économiques et sociales d'un développement contrarié, par des expériences historiques malheureuses, par les carences des systèmes
éducatifs ? Ou faut-il rejeter les explications contingentes, au profit d'une cause plus essentielle, et
donc à peu près indépassable, avec comme cou-
pable principal, sinon unique, la religion musulmane ?

Pour l'avoir lue bien souvent dans les journaux,
parfois sous la plume de lanceurs d'alerte bien
intentionnés, on connaît cette vulgate : l'islam est
incapable de distinguer religion et politique. Dès
l'origine, Mahomet a organisé la communauté primitive de Médine, dont l'image continue de hanter
la conscience politique musulmane, comme une
cité-État dont il était incontestablement le chef, en
vertu de son rôle religieux de Prophète. Et cette
situation n'était pas purement exceptionnelle, liée
à sa personnalité : après sa mort, des califes (ou
« remplaçants », « lieutenants ») lui ont succédé, qui

cumulaient la direction politique d'une communauté en pleine expansion du fait des conquêtes et la responsabilité religieuse de ladite communauté. Les califes régentent la politique au nom de leur autorité religieuse, réglementent la religion au nom de leur pouvoir politique, le tout dans un cadre doctrinal définitivement cadenassé dont il est impossible de sortir. L'islam donne à la société à la fois des lois et un gouvernant : il ne reste plus grand-chose à rendre à César.

Cette vulgate a le mérite de la clarté et de la simplicité : on comprend en quelques lignes pourquoi l'islam, religion politique, ne peut laisser aucun espace à un fonctionnement démocratique, qui suppose une certaine autonomie de la politique par rapport aux instances religieuses. Les pays de culture musulmane ne pourraient donc atteindre la modernité politique qu'au prix d'une vaste apostasie, en renonçant aux fondements mêmes de leur religion. Cette vulgate n'a au fond qu'un défaut : elle valide des thèses salafistes, sans se soucier de l'histoire effective du monde musulman depuis les premiers siècles. Elle ne peut convenir qu'à ceux qui prétendent *a priori* que la vérité de l'islam, c'est le salafisme. Pour les autres, prêts à regarder l'islam comme il est, dans sa complexité, il faut bien admettre que la réalité est nettement plus nuancée.

Les Frères musulmans qui scandent « Le Coran est notre constitution » comme ceux qui nous mettent en garde contre la portée politique du texte sacré des musulmans doivent d'abord reconnaître qu'en matière d'organisation politique, le Coran n'est guère bavard. Les juristes musulmans classiques, cherchant à élaborer des théories politiques fondées sur l'islam, ne parviendront à en extraire qu'un seul verset pour appuyer leur entreprise : « Ô vous qui croyez ! Obéissez à Dieu ! Obéissez au Prophète et à ceux d'entre vous qui détiennent l'autorité. Portez vos différends devant Dieu et devant le Prophète ; si vous croyez en Dieu au Jour dernier, c'est mieux ainsi ; c'est le meilleur arrangement » (Coran 5, 59).

Cette injonction laisse le constitutionnaliste sur sa faim. Qui sont ceux qui « détiennent l'autorité » ? Les autorités de fait, auxquelles il faudrait se soumettre par principe ? Ou des autorités jugées légitimes parce qu'elles sont instituées par la révélation divine ? D'ailleurs, est-on bien sûr qu'il soit ici question d'autorité politique ? Comme souvent, l'enquête coranique seule est insuffisante pour nous renseigner précisément sur l'islam. Son complément par la tradition musulmane, l'autre source du droit, n'est guère plus satisfaisante*.

---

* Dans son manuel de droit public (*Al-Ahkam al-sultaniyya*), considéré comme le plus classique, le juriste Al-Mawardi, très

Quoi qu'il en soit, l'histoire de la fonction califale ne nous donne pas à voir une sorte d'union dans la même personne du pape et de l'empereur. S'il est difficile, faute de documents anciens, de décrire cette fonction dans les premiers temps de l'islam, elle nous est accessible à partir de l'époque abbasside, quand cette dynastie issue de la famille du Prophète qui donnera au califat son lustre et sa théorie prend le pouvoir en 750, en renversant les califes omeyyades, accusés d'impiété et dont la légitimité religieuse était plus faible. S'il y a une période de l'histoire de l'islam où politique et religieux ne sont pas séparés, c'est bien là ; et le nœud de cette unité, c'est la personne du calife. Il est d'abord responsable de la défense de la communauté des croyants et dirige la guerre sainte. Il lutte contre les hérétiques et les musulmans « hypocrites », qu'on soupçonne de s'être convertis par opportunisme. C'est lui aussi qui nomme les fonctionnaires

---

favorable à l'institution califale, ne parvient à la fonder que sur le verset du Coran déjà cité et une tradition prophétique, rapportée par la *sîra* : « D'autres chefs après moi vous commanderont, le pieux d'après sa piété, le pervers d'après sa perversité ; mais écoutez-les et obéissez à tout ce qui est conforme à la vérité : s'ils font bien, cela vous servira et leur servira ; s'ils font mal, cela vous servira et leur nuira. » La fondation d'une théorie du pouvoir dans ces sources est, on le voit, ténue.

chargés de faire appliquer la loi religieuse, le *qadi*
et le *muhtasib*. Difficile de dire si c'est la politique
qui gouverne la religion ou l'inverse, puisque l'instance qui domine les deux domaines est identique.

À ceci près, toutefois, que le calife gouverne au
nom d'une loi religieuse. Qui l'énonce, qui l'interprète ? Des fonctionnaires du calife l'appliquent,
mais ceux qui l'énoncent et la mettent en forme,
à partir des sources révélées, sont des savants indé-
pendants, qui commencent à s'organiser précisément au début de la période abbasside. Quelques
figures de juristes, qui donnent au monde musulman un véritable corpus de droit religieux – et le
droit religieux recouvre notre droit civil et notre
droit pénal – apparaissent et seront à l'origine de
véritables écoles. En cette fin de VIIIe siècle, une
nouvelle classe d'intellectuels émerge. On les
appelle les savants, les ulémas. Ce qui est notable,
c'est que cette élaboration du droit a lieu sans que
le calife intervienne dans le processus. Entre le
calife et les ulémas, autant qu'on puisse en juger,
c'est plutôt la méfiance qui règne. Un secrétaire du
calife Al-Mansur, l'Iranien Ibn al-Muqaffa', suggère
au calife (dans son *Épître sur l'entourage [du calife]*)
de promulguer un code qui serait appliqué partout
dans l'empire, et qui éviterait justement que cette
classe de savants ne développe ses opinions indé-
pendamment du calife. Al-Mansur, pour des raisons

que nous ignorons, ne suit pas ce conseil : les juristes continuent donc leur travail. Le calife est le dirigeant, mais il n'est pas le législateur, ni même l'interprète de la loi religieuse.

Quelques années plus tard, les prétentions des califes à l'autorité religieuse connaissent un autre échec de taille. Alors que les théologiens musulmans se divisent en différentes écoles, le calife choisit de prendre parti pour une lecture rationaliste de l'islam, celle des muʿtazilites, dont il décide de faire la doctrine officielle de l'empire en l'imposant par la force. Les fonctionnaires doivent prononcer une profession de foi inspirée de ce courant, tandis que les ulémas qui s'y opposent sont persécutés, sous la conduite d'une véritable inquisition, la *mihna*. L'enjeu est considérable : le calife est-il celui qui doit tracer la frontière entre l'hérésie et l'orthodoxie ? Doit-il définir ce qu'est la vraie religion ?

Or le calife et ses successeurs, qui poursuivent la même politique, se heurtent à une opposition très vive, et cette résistance portée par des figures de savants intransigeants va devenir extrêmement populaire dans le peuple de Bagdad, au point qu'au milieu du IXe siècle, le calife Al-Mutawakkil abandonne le muʿtazilisme. Le calife a perdu dans son bras de fer avec les ulémas. C'est à ces derniers qu'il appartient de dire le droit religieux, pas au calife.

Dès lors, on a, dans la pratique, une véritable distinction entre le pouvoir, qui appartient au calife, et la religion, qui est dominée par les ulémas. Ce qui nous surprend, c'est que cette distinction ne passe pas par là où nous en avons l'habitude : pour nous, d'ordinaire, le pouvoir dit le droit et organise la société. Là, ce n'est pas le cas. L'originalité de la société musulmane classique, c'est que la société est organisée massivement autour d'un droit religieux qui la régule dans beaucoup de ses instances (droit des contrats, droit des personnes, droit des successions), et pas par un droit émanant du pouvoir politique. Un conflit a eu lieu parce que la source de légitimité était la même pour les deux, mais c'est l'instance proprement religieuse qui a gagné son indépendance. L'indépendance ne signifie pas qu'elle entend remplacer le politique : ce que veulent les ulémas, c'est organiser la société, pas prendre le pouvoir.

Le pouvoir politique califal conserve naturellement des devoirs religieux, comme la guerre sainte, et une légitimité religieuse. Mais cet affaiblissement de sa fonction religieuse explique sans doute que le calife abbasside ait pu ensuite perdre progressivement son pouvoir politique, sans que l'islam en soit dénaturé. Peu à peu, le pouvoir politique passe en d'autres mains : des émirs, chefs militaires, puis des sultans turcs exercent la réalité du pouvoir, laissant au calife une fonction plutôt décorative, essentiellement cérémoniale, liée au prestige de son ascendance. Dans l'empire, le calife abbasside joue, dès le Xe siècle, le rôle de la reine d'Angleterre. Les sociétés musulmanes s'habituent à se passer, dans les faits, de la figure califale, si bien que la chute de cette monarchie symbolique, quand les Mongols pillent Bagdad en 1258, ne change guère les pratiques de pouvoir dans le monde islamique. Les autorités politiques n'auront plus de légitimation essentiellement religieuse ; mais cela faisait déjà plusieurs siècles que, dans la pratique, les gouvernants effectifs s'en passaient.

Les sociétés musulmanes médiévales vivent de façon habituelle sans calife. Le droit musulman met un peu de temps à accepter cette réalité : les manuels classiques continuent d'en présenter la fonction comme essentielle, bien qu'elle n'existe plus dans la pratique. Mais peu à peu, les théologiens en prennent acte. Au XIVe siècle, un théologien-juriste pourtant peu connu comme novateur, le rigoriste Ibn Taymiyya, qui sert aujourd'hui de référence à bien des salafistes, peut écrire un traité de droit public sans qu'il soit question de calife. À une époque où le califat n'existe plus, il ne l'estime pas nécessaire ; il lui préfère une approche bien plus fonctionnelle. Le véritable dépositaire des promesses divines, c'est la communauté musulmane,

qui doit s'organiser au mieux pour appliquer la Loi
divine ; le calife, ou toute autre autorité, sera au
service de cette communauté et de son ambition.
Car naturellement, c'est bien la Loi qui commande
l'ensemble. Mais la Loi, justement, ne précise pas
la forme d'organisation politique. Elle parle de
mariage, d'héritage, de prière. Le bon gouverne-
ment, c'est celui qui permet son application. À ce
titre, les Mamelouks, esclaves militaires à la légitimité religieuse nulle, mais qui gouvernent en ce
temps-là l'Égypte et la Syrie, font bien l'affaire —
tant que les ulémas gardent la main haute sur la
gestion de la société. L'État idéal, pour Ibn Taymiyya, est bien la théocratie originelle de Médine
au temps du Prophète. Mais cet idéal appartient
au passé, et il est gravement illusoire d'imaginer
pouvoir y revenir à l'avenir. Ce qu'il faut, c'est un
régime nouveau, qui verrait collaborer deux classes,
les militaires et les ulémas, au service de la Loi.
L'objectif est évidemment religieux, mais la légitimité d'un ordre politique autonome, dans ce cadre,
est maintenue.

Le titre califal ne retrouvera d'usage qu'à
l'époque moderne, quand les sultans ottomans, sen-
tant le déclin de leur empire, se l'attribuent pour
y trouver une légitimité supplémentaire, susceptible
de ralentir leur affaiblissement. Leur destitution,
après la Première Guerre mondiale, et la fin de

l'institution califale votée par le Parlement turc en 1924, à l'instigation d'Atatürk, devaient signifier l'entrée du monde musulman dans l'ère moderne des États-nations sécularisés. Mais cette vacance d'un titre largement fictif l'a rendu disponible pour alimenter les rêveries des mouvements d'islam politique, qui voient le jour précisément à ce moment-là. Le califat unissant dans sa main pouvoir politique et religieux redevient un élément mobilisable de l'imaginaire politique musulman, dont l'État islamique nous montre aujourd'hui la puissance symbolique. Mais ce califat-là, aux accents totalitaires, ne correspond nullement à la pratique traditionnelle des sociétés musulmanes à travers l'histoire. L'islam, c'est-à-dire l'islam réel, celui qui a historiquement existé et continue d'être vécu, ne conduit pas nécessairement au califat ; l'histoire enseigne même l'exact contraire.

Cela ne signifie pas pour autant que l'islam, comme religion, ne pose aucun obstacle dans la marche des peuples vers la démocratie. On a vu que l'islam classique distinguait le pouvoir d'un côté, qui peut être exercé par le plus fort, et la société d'autre part, dont l'organisation ressortit à la Loi religieuse. La démocratie à l'occidentale repose sur d'autres conceptions : le souverain est aussi le législateur ; c'est donc au peuple souverain qu'il appartient de faire les lois. L'islam classique

ne s'oppose nullement à un fonctionnement démocratique où les dirigeants seraient choisis par l'élection, mais il ne prévoit pas que ces gouvernants
puissent promulguer des lois distinctes du droit
religieux, ni même tirer de l'élection une légitimité
à interpréter le droit religieux.

Cette difficulté rend-elle l'islam incompatible
avec la démocratie ? L'histoire du dernier siècle, qui
a vu l'immense majorité des pays musulmans adopter des législations civiles, éventuellement inspirées
des prescriptions religieuses, mais instituées par un
vote parlementaire ou d'autres procédures non religieuses, indique plutôt le contraire. Les débats
encore actuels dans plusieurs pays musulmans sur
l'influence que doit jouer le droit religieux dans la
législation civile montrent qu'il y a un espace pour
penser cette autonomie au sein de l'islam. Mais
comme pour toute évolution de grande ampleur,
elle nécessite des discussions, dont les conclusions
ne peuvent être écrites d'avance.

Peut-on interpréter le Coran ?

Réagissant sur Twitter à la conférence que j'avais
donnée au lendemain des attentats de novembre,
un journaliste lyonnais se disait sur sa faim : « Il
n'aborde pas la question centrale, regrettait-il :
pourquoi le sunnisme bloque sur l'exégèse ? » La

raison de ce silence était simple : je ne crois pas que le sunnisme « bloque », par principe, sur l'exégèse ; ni, en conséquence, qu'il s'agisse là de « la » question centrale. Il faut pourtant s'en expliquer, tant cette idée est aujourd'hui courante, en particulier chez un certain nombre de vulgarisateurs mal informés qui voient la cause des difficultés de l'islam contemporain dans un refus d'interpréter le Coran.

C'est que, soulignent-ils à juste titre, le Coran est compris par les musulmans comme la Parole même de Dieu, révélée directement à Mahomet. Ce dogme central de la foi musulmane obligerait en conséquence à faire du texte une lecture nécessairement littérale, sans qu'aucune discussion sur le sens du texte soit possible. L'urgence serait alors que les savants musulmans renoncent au dogme, pour favoriser l'étude historico-critique du Coran, de même que les chrétiens, après des réticences très fortes au XIXe siècle, ont fini par se lancer avec enthousiasme dans une relecture historico-critique, de type académique, de leurs Saintes Écritures. C'est à cette condition que l'islam pourrait enfin entrer de plain-pied dans la modernité.

Cette exigence est problématique, car elle n'est pas réaliste. Les chrétiens ont pu accepter le questionnement scientifique de la Bible, parce qu'il ne remettait pas en question leur conception traditionnelle de l'inspiration : Dieu s'adresse à l'homme à travers des auteurs humains, avec leur culture et leurs limites culturelles, dont les textes sont aussi l'expression. La conception musulmane de la révélation est différente. Demander aux musulmans d'y renoncer, de relativiser la Révélation coranique, d'adopter par exemple la conception chrétienne de l'inspiration, c'est leur demander de renoncer à un dogme fondamental de l'islam depuis l'origine ; c'est exiger d'eux de renoncer à l'islam. Cela reviendrait à demander aux chrétiens, pour qu'ils deviennent des gens fréquentables avec qui il est possible de discuter, de renoncer au préalable à cette doctrine qui choque la raison, selon laquelle Jésus serait ressuscité des morts.

Une telle exigence n'est pas seulement impossible ; elle est encore largement inutile. Car cette conception de la révélation, si elle ne favorise effectivement pas les études historiques sur l'origine du Coran, n'interdit nullement l'interprétation du texte sacré. Les sciences religieuses islamiques traditionnelles n'ont pas d'autre but que d'en découvrir le sens exact : si l'on mobilise sur la question tant de savants et de disciplines, de la grammaire aux sciences du hadith, c'est bien que ce sens n'est pas immédiat ni évident.

L'exégèse la plus orthodoxe du Coran, depuis son développement à l'époque abbasside, voit en lui la Parole éternelle de Dieu, mais elle n'en fait pas pour autant un texte intemporel. Au contraire, elle souligne que les versets coraniques ont été révélés dans certaines circonstances précises de la vie de Mahomet et de sa communauté, et qu'ils viennent résoudre des difficultés ou des questions particulières. Il importe de connaître ce contexte d'apparition du verset pour en saisir le sens véritable, et donc la portée universelle qu'il faudra en déduire. La biographie du Prophète est alors un élément essentiel pour comprendre bien des versets très allusifs, dont la signification nous échappe. La critique moderne soupçonne que nombre d'éléments de cette biographie n'ont été écrits que pour donner une explication satisfaisante à des versets obscurs, en proposant une histoire qui en explique opportunément tous les détails incompréhensibles, selon le procédé d'exégèse juive ancien qu'est le *midrash*. Quoi qu'il en soit, par cette branche des sciences islamiques qu'on appelle les « circonstances de la révélation », les exégètes s'efforcent d'interpréter le texte, en l'expliquant par son contexte. On peut discuter de la pertinence du contexte proposé par la tradition musulmane, mais non nier que cet effort soit fait depuis des siècles.

De plus, le lecteur se souvient qu'un théologien considérable dans l'orthodoxie sunnite, Ghazali (mort au début du XIIᵉ siècle), avait présenté différentes méthodes légitimes d'interprétation du Coran, sans qu'on puisse l'accuser d'hérésie, de naïveté ni de complaisance moderniste. D'où vient, dès lors, cette assertion si souvent répétée que l'islam, en tout cas l'islam sunnite, refuse l'interprétation du Coran ? Probablement d'un malentendu sur un débat ancien, portant sur la légitimité d'une forme d'interprétation, l'interprétation allégorique. Pratiquée massivement par les chrétiens depuis l'Antiquité, en particulier pour expliquer l'Ancien Testament, elle consiste à attribuer à un texte un autre sens, généralement spirituel, que le sens premier et évident. Ainsi l'interprétation chrétienne la plus ancienne voit-elle, dans le récit du passage de la mer Rouge par le peuple hébreu, une image annonçant que le Christ doit traverser la mort pour ressusciter, ou annonçant le baptême qui procure à travers l'eau une libération de l'esclavage du péché. L'allégorie, spirituelle ou philosophique, est un procédé d'interprétation couramment pratiqué dans l'islam chiite ou dans le soufisme – qui peut par exemple interpréter certaines prescriptions légales du Coran comme des enseignements pour la vie spirituelle –, et les philosophes classiques de l'islam en faisaient eux aussi un usage important. D'autres sunnites, en grand nombre, ont contesté la légitimité de cette méthode, non pour refuser toute interprétation, mais pour lui préférer d'autres voies, censées laisser moins de latitude à l'imagination ou à la subjectivité de l'interprète. Le refus de l'allégorie ne se confond pas avec un littéralisme strict. Ce dernier a toujours eu ses partisans, dans l'histoire de l'islam sunnite, mais il ne s'identifie pas avec l'orthodoxie traditionnelle.

On invoque pourtant, comme preuve de cette prétendue interdiction de l'interprétation, la « fermeture des portes de l'*ijtihad* » – terme technique qui en impose, mais qui désigne une réalité très largement mythique. L'*ijtihad* renvoie, en droit musulman, à l'effort d'interprétation des sources du droit (à commencer par le Coran et les hadiths) par un savant en dehors des solutions établies par l'école juridique à laquelle il appartient – en particulier quand il se trouve confronté à des situations nouvelles que le droit antérieur n'avait pas prévues. Il s'agit donc d'innovation juridique, accomplie par des savants habilités, limitée à certains cas, pas d'une totale créativité normative.

La « fermeture des portes » dont on parle parfois serait une interdiction lancée aux juristes musulmans de faire usage de l'*ijtihad*, et donc d'innover, d'adapter le droit aux conditions nouvelles posées par des circonstances différentes. Cette fermeture expliquerait le déclin progressif d'une société islamique longtemps brillante, mais dont la vivacité intellectuelle s'est peu à peu sclérosée, au moment

même où l'Occident entamait son incroyable per-
cée. L'explication, qui convient fort bien à notre
schéma hérité des Lumières opposant modernité
rationnelle et conservatisme religieux, est tentante,
mais l'interdiction invoquée est introuvable : on est
bien en peine de dater cette « fermeture des portes
de l'*ijtihad* ». Et pour cause : elle n'a jamais eu lieu.
Même en la considérant comme un processus long
(entre les Xe et XIIe siècles, avancent certains de ses
tenants) et jamais explicité par aucun texte, on
constate qu'à toutes les périodes de l'histoire, des
juristes musulmans ont fait usage de leur faculté
d'*ijtihad*. La grande conversion de l'islam, de
l'ouverture et de l'interprétation libre à la fermeture
et à la stérilité intellectuelle, ne s'est jamais pro-
duite ; et moins encore l'interdiction d'innover en
général, en philosophie ou en science : l'*ijtihad*,
rappelons-le, n'est qu'une procédure juridique, pas
une attitude face à la vie. Et cette procédure n'a
jamais été proscrite.

La période incriminée, en revanche, a vu la mise
en place formelle des écoles de droit et l'affirmation
de leur tradition jurisprudentielle. On demande aux
juges, autant que faire se peut, de s'en tenir aux interprétations déjà en vigueur, en admettant malgré
tout la diversité juridique des quatre écoles. L'innovation doit résoudre les problèmes nouveaux, non
modifier le droit existant. L'enjeu, on le comprend,

n'est pas d'interdire la réflexion, mais de favoriser la sécurité juridique, c'est-à-dire la stabilité du droit : pour qu'une société fonctionne, les individus ont besoin de connaître l'état du droit, d'un droit stable, qui ne différera pas notablement d'un juge à un autre, et qui ne peut donc être laissé à la seule fantaisie créative des magistrats. L'organisation en écoles de droit se reconnaissant mutuellement comme légitimes s'est accompagnée d'une incitation forte à ne pas s'écarter des chemins d'interprétation du droit tracés par ces traditions d'école. Cela a fait d'ailleurs l'objet de critiques au sein même des ulémas médiévaux, mais rarement par souci d'adaptation à la modernité. Si le rigoriste Ibn Taymiyya réclame, au XIVe siècle, une plus grande place pour l'*ijtihad*, c'est au contraire pour redonner toutes leurs forces aux prescriptions coraniques et prophétiques, sans s'encombrer de tout l'appareil interprétatif élaboré progressivement par la tradition juridique : c'est précisément pour cela que les salafistes d'aujourd'hui voient en lui leur précurseur. Le débat sur l'*ijtihad* est donc loin d'opposer les Lumières de l'interprétation aux ténèbres de la religion figée dans son passé. Comme toujours, c'est un peu plus compliqué.

Le déclin intellectuel de la civilisation islamique, par rapport à un Occident découvrant les sciences avec un appétit grandissant à partir de la Renaissance, est d'ailleurs à nuancer. Mais surtout, pour expliquer les faiblesses réelles de la réflexion dans le monde arabe et musulman, il faut renoncer à ce genre de mythes bien commodes. Corollaire : les solutions demandent probablement des efforts plus complexes et plus exigeants que la réouverture solennelle de portes qu'on n'a jamais fermées.

L'islam est-il irrationnel ?

En septembre 2006, au cours d'un voyage en Allemagne, le pape Benoît XVI s'était adressé aux représentants du monde académique à l'université de Ratisbonne, sur un de ses sujets de prédilection : l'affinité profonde de la foi chrétienne et de la raison. Il avait au début de son intervention cité le texte d'une polémique médiévale, dont l'auteur, un empereur byzantin du XIVe siècle, accusait Mahomet de n'avoir apporté que « du mauvais et de l'inhumain ». On se souvient que cette intervention avait choqué dans le monde musulman, provoquant des émeutes, des incendies d'églises, des meurtres de chrétiens. Il est pourtant clair que le pape, dans le fond, ne tenait pas un discours sur l'islam et ne reprenait pas à son compte cette critique très dure.

En réalité, le pape allait peut-être plus loin et formulait plus ou moins clairement une autre critique.

En se référant à un théologien musulman du Moyen Âge, Ibn Hazm, il opposait la doctrine de l'islam, pour qui Dieu n'est pas obligé d'être rationnel, à la doctrine chrétienne, pétrie de philosophie grecque, pour qui Dieu est nécessairement rationnel et doit agir selon la raison. La distinction peut sembler très théorique, mais elle ne l'est pas : Benoît XVI voyait dans cette irrationalité de Dieu, qui n'est tenu à aucune morale parce que c'est lui qui décide arbitrairement, sans être tenu à la raison ni même à la cohérence, ce qui est bien ou ce qui est mal, la racine de la violence religieuse. Si Dieu n'est pas rationnel, alors il ne faut plus chercher à convaincre et à discuter : la guerre et la violence deviennent des manières absolument normales d'agir au nom de Dieu, puisqu'il ne s'agit que de se soumettre à une volonté arbitraire.

On ne reviendra pas ici sur les remarques déjà faites sur la question de la violence et la disponibilité du texte coranique, en fonction des interprétations, à un usage violent. Le propos, ici, est plus radical. Il renforce l'accusation couramment faite à l'islam de négliger la raison et donc de conduire au fanatisme, en la fondant sur un point de théologie musulmane, le caractère inaccessible de Dieu pour notre rationalité. Cette thèse présente une explication rationnelle de la violence religieuse islamique : elle ne serait pas l'expression d'une désespérance sociale, d'un ressentiment post-colonial ou anti-impérialiste, mais le résultat logique, cohérent, d'un présupposé théologique. La question est absolument essentielle. On ne peut y répondre par de seules considérations contingentes ou de circonstance, en constatant par exemple qu'historiquement, les différents califats qui se sont succédé n'ont en général pas pratiqué la conversion forcée ; de même, il n'est pas pertinent de remarquer qu'il a pu arriver à des chrétiens de le faire, ce qui est parfaitement exact. La question posée n'est pas de savoir si, dans la pratique, l'islam produit toujours de la violence – ce qui serait évidemment faux –, mais si la doctrine musulmane est, par elle-même, porteuse de violence, que cette violence se produise effectivement ou non.

Peut-on vraiment dire que la doctrine musulmane présente la transcendance de Dieu comme tellement absolue qu'elle le fait sortir du cadre de la raison ? C'est aller sans doute un peu vite en besogne. Car pour illustrer sa thèse, Benoît XVI ne se réfère qu'à un auteur, l'Andalou Ibn Hazm. Pour des raisons qui n'ont d'ailleurs rien de polémique, il choisit à travers lui une approche qui est loin de faire l'unanimité dans l'histoire doctrinale de l'islam. Car l'acceptation de l'héritage rationnel des Grecs n'a pas été l'apanage de la seule théologie chrétienne : au moins un courant de pensée dans l'islam, qu'on appelle la *falsafa*, décalque arabisé du mot grec *philosophia*, s'est efforcé de le recevoir. Je parle d'école, malgré de profondes divergences entre les auteurs, car l'expression courante de « philosophie islamique » peut être trompeuse : il ne s'agit pas d'une discipline, comme l'est devenue pour nous la philosophie – une faculté académique, qui se définit par son objet et ses méthodes. La philosophie islamique va plus loin : elle a des thèses, des points d'accord, une solidarité de fond qu'on serait bien en peine de chercher entre nos philosophes, quand la philosophie est une discipline, neutre *a priori* sur ses thèses. C'est une manière de comprendre l'islam. Ses auteurs n'ont pas le sentiment de faire de la philosophie, mais d'expliciter la vérité. Ils sont, du point de vue de nos disciplines qui n'existent pas pour eux, aussi théologiens que philosophes ; ils sont théologiens comme l'était saint Thomas d'Aquin, c'est-à-dire curieux de chercher la vérité où elle se trouve, y compris dans la logique grecque.

De grands noms – Farabi, Avicenne, Averroès, pour ne citer que les plus connus – ont cherché à développer cet héritage dans un cadre profondément musulman. Leur conception de Dieu en est différente. Sans surprise, elle ne fait pas de l'ordre divin un arbitraire : Dieu est en cohérence avec le monde qu'il a créé, et qu'il a créé rationnellement.

Cette « philosophie » est encore très vivante aujourd'hui dans la théologie chiite. Les mollahs iraniens apprennent, au cours de leur formation, une métaphysique héritée des Grecs. Opposer le christianisme hellénisé à l'islam anti-grec est donc inexact : dans le monde chiite, à tout le moins, c'est un islam hellénisé qui est l'islam de référence. On ne peut tout à fait l'ignorer. On remarque du reste, compte tenu de l'histoire récente de l'Iran, que ce rapport à la raison grecque n'est pas nécessairement un antidote contre les épisodes violents.

Il est vrai toutefois que dans le monde sunnite, dont l'islam nous importe en général davantage, l'islam de la *falsafa* a perdu, depuis des siècles, de son influence et que, pour la vie concrète de la plupart des croyants sunnites d'aujourd'hui, il ne pèse guère. Cela ne veut pas dire qu'il est, intellectuellement, moins musulman que d'autres approches. C'est pourtant de ce préjugé, porté par de grands islamologues chrétiens au XXᵉ siècle, que le pape est certainement victime : des islamologues qui ont voulu, par respect de l'identité même de l'islam, valoriser des auteurs moins hellénisés et donc considérés comme plus authentiques, plus proches de la spécificité coranique. Cela se discute : saint Thomas est-il moins chrétien parce qu'il pense la foi chrétienne dans un cadre de pensée hérité d'Aristote ? Toute révélation appelle une interprétation, qu'on le veuille ou non. Que le cadre de cette interprétation soit la raison grecque ou un autre cadre, comme le cadre épistémologique établi par Ibn Hazm, importe relativement peu : la fidélité littérale aux sources est illusoire. La fidélité à une révélation ne peut se jouer dans le maintien du cadre de pensée qui l'a vu naître, car cela est impossible. Même en faisant des efforts considérables, nous ne pouvons avoir la mentalité de saint Paul pour lire les lettres de Paul : nous pouvons nous efforcer de la reconstituer pour comprendre Paul au plus près, mais cette reconstitution même nous fait sortir totalement de la mentalité de l'époque ; cette démarche suppose une mentalité historienne qui, précisément, n'existait pas. Penser qu'on peut interpréter le Coran avec la mentalité même de Mahomet et de ses compagnons est évidemment une illusion.

Il reste que l'approche d'Ibn Hazm, à défaut de nous renseigner sur l'introuvable essence de l'islam, est au moins dominante dans le monde sunnite d'aujourd'hui. C'est encore un peu discutable dans le détail, car Ibn Hazm en tant que tel ne pèse guère, mais prend plus de force si on se réfère à d'autres auteurs, comme le théologien du XIVe siècle Ibn Taymiyya, adversaire résolu de la philosophie et de la logique grecques que nous avons déjà rencontré dans les pages qui précèdent.

Remarquons cependant que chez ces auteurs même, la question de l'arbitraire divin est plus précise que ne le laisse croire la conférence de Ratisbonne. Cela signifie que la raison ne peut pas fonder notre approche de la vérité : la raison seule, constate Ibn Taymiyya, conduit à des contradictions sans fin, et il suffit pour s'en convaincre de regarder l'incapacité de ceux qui s'en réclament à se mettre d'accord. Dieu ne nous dit pas n'importe quoi, ni ce qui lui passe par la tête, en appelant ça le bien parce que telle est sa fantaisie, mais simplement, nous n'avons pas d'étalon rationnel auquel nous pourrions mesurer l'action de Dieu. Nous ne pouvons pas juger de la rationalité de Dieu, mais cela ne veut pas dire qu'elle est inexistante. De même, nous ne pouvons pas fonder notre certitude sur la raison : au fondement, il faut nécessairement un acte de foi, qui se fonde non sur la raison, mais sur la révélation, parce que la révélation semble un moyen plus adapté d'arriver à la certitude. La question est davantage, en effet, celle de la certitude que celle de la vérité. De ce fait, poursuivra Ibn Taymiyya, en cas de conflit apparent entre le texte révélé – Coran ou hadith – et le raisonnement logique, il faut corriger la logique à la lumière de la révélation, c'est-à-dire apprendre l'art du raisonnement juste à l'imitation des sources islamiques plutôt que par la lecture d'Aristote. Il

s'oppose en cela à la tradition musulmane largement dominante de son temps, mais son succès
moderne est incontestable. On y trouvera sans
doute un certain danger, mais il ne s'agit pas d'une
interdiction de raisonner ; au contraire, Ibn Taymiyya, comme avant lui Ibn Hazm, ne cesse de
raisonner, en particulier en faisant un usage polémique de la raison. Mais il considère que le fondement de la pensée ne peut être rationnel.

Cette tradition-là est donc littéraliste, ou plus
exactement, si vous pardonnez le néologisme, *tex-
tualiste* : le fondement de la vérité ne peut être que
le texte révélé. C'est cette forme de pensée, et non
le statut divin de son origine, qui rend le texte
impossible à interpréter. La raison ne peut prétendre interpréter le texte, car elle est moins certaine que le texte : prétendre en faire un instrument
d'interprétation, c'est faire de la raison l'étalon de
la vérité, capable de juger avec plus d'assurance de
ce qui est vrai. L'impossibilité d'interpréter, pour
ces penseurs, est une conséquence de cette approche :
il leur est impossible de penser une vérité qui la
rende possible, admissible. Ils tiennent une position
intellectuellement aberrante, le littéralisme − aberrante car elle repose sur l'illusion de l'existence d'un
sens littéral objectif, indépendant des lectures qu'on
en fait −, non pas par bêtise, mais par *textualisme*,

parce qu'ils fondent le critère de vérité sur la transmission du texte révélé.

Même chez les auteurs apparemment les plus sceptiques à l'égard de la raison, donc, nous ne sommes pas face à une simple étroitesse d'esprit, mais à un raisonnement construit, passablement dépaysant pour un esprit occidental. Pour compléter cette approche trop rapide des relations de l'islam et de la raison, sans doute faut-il encore accepter d'être davantage dépaysé, en renonçant à un point tenu généralement pour acquis : que le refus, au moins partiel, de la rationalité conduit à la violence. Il peut ne pas y conduire dans les faits à chaque fois, mais il en serait le terreau nécessaire. Pour avoir moins de violence, nous aurions besoin de davantage de raison. C'est une conviction que je partage, mais cela ne m'empêche pas de voir qu'elle est culturellement informée. Que nous le voulions ou non, nous sommes les enfants des Lumières européennes, et notre histoire, intellectuelle et spirituelle, nous amène à associer presque naturellement raison et tolérance d'un côté, refus de la raison et fanatisme de l'autre. Or la culture islamique a vécu une histoire différente, qu'il serait peut-être temps de prendre en compte avant de nous précipiter avec des injonctions bienveillantes faites à l'islam de prendre un tournant rationaliste.

Car le rationalisme a laissé, dans l'histoire de l'islam, de mauvais souvenirs. La réflexion théologique qui se développe dans les premiers temps de l'islam s'affirme d'abord par un courant déjà mentionné, volontairement et fièrement rationaliste, le mu'tazilisme, qui apparaît au début du VIIIe siècle. Au nom de la raison, le mu'tazilisme s'est efforcé de corriger un certain nombre d'énoncés de la tradition musulmane, ou plus exactement, selon ses termes mêmes, de les purifier au nom d'une approche rationnelle. Le premier effort porte sur les expressions anthropomorphiques du Coran et de la tradition : Dieu, dit par exemple le Coran, est assis sur un trône. Impossible, disent les mu'tazilites, de prendre cette affirmation au pied de la lettre : c'est une image. Ils vont plus loin, niant la réalité des attributs de Dieu affirmés par le Coran. Du reste, au nom de la même rationalité, ils rejettent des discours traditionnels sur le Coran : il est la Parole de Dieu créée, et non éternelle, affirment-ils, provoquant la colère de nombreux croyants, dont les formules traditionnelles sont bousculées ou niées.

En général, ces mu'tazilites ont pour eux les faveurs des Occidentaux : les rationalistes nous paraissent plus sympathiques que les croyants traditionalistes qui refusent les affirmations rationnelles. Plus sympathiques, parce que théoriquement plus ouverts, plus tolérants. C'est là que notre préjugé issu des

Lumières nous trompe. Car on se souvient que le pouvoir califal, au début du IXe siècle, désireux de donner à l'empire une doctrine cohérente, chercha à imposer l'approche mu'tazilite à tous les musulmans de l'empire, par la force au besoin : il créa une force de police, chargée de s'assurer que tous les imams acceptaient de reconnaître le credo mu'tazilite, en affirmant publiquement que le Coran était créé et non éternel. Pendant quinze ans (833-848), la répression s'abattit sur les croyants traditionnels, obligés de se cacher pour conserver le credo transmis.

Cet épisode de répression brutale a laissé des traces profondes dans la mémoire musulmane. L'intolérance et la violence ne sont pas associées à l'obscurantisme traditionaliste, mais au rationalisme à prétention universelle, qui, parce qu'il est rationnel, doit s'imposer à tous et ne laisse pas de place à la diversité. Dans l'histoire musulmane, l'Inquisition a été rationaliste ; Torquemada était logicien, et le chevalier de la Barre un croyant attaché à ses traditions. Cela nous est à peu près impossible à penser, mais il faut faire cet effort contre la tendance à croire que l'histoire intellectuelle de l'islam est une lutte entre un courant rationaliste ouvert, progressiste et tolérant, et un courant rétrograde et violent. C'est infiniment plus compliqué, évidemment ; et dans cette complexité, il faut retenir, comme clef d'explication de certains réflexes, que l'islam a fait l'expérience du potentiel violent de la prétention universelle du rationalisme.

L'école théologique qui s'est imposée à la suite de cette crise dans l'islam sunnite classique, l'école acharite, a cherché en réaction à maintenir une forme d'équilibre, en faisant usage de l'outillage rationnel, mais en refusant d'en faire un absolu. Cette prudence lui a permis de faciliter la cohabitation, au sein de l'islam impérial, entre des courants très divers, de la philosophie d'inspiration grecque jusqu'au textualisme d'Ibn Taymiyya, en ayant à cœur, pour éviter la violence théologique, moins de s'appuyer sur la rationalité grecque que de légitimer la diversité des approches.

On attribue au psychologue Abraham Maslow la remarque selon laquelle, « quand on n'a pas d'autre outil qu'un marteau, tous les problèmes ressemblent à des clous ». Il est tentant, pour tout spécialiste d'un domaine, de vouloir en majorer l'importance et en faire une clef d'explication plus ou moins universelle. L'ambition de ce petit livre n'est pourtant pas de tout expliquer des phénomènes de l'islam contemporain, qui peuvent légitimement interroger et inquiéter, par le seul prisme de la théologie musulmane ou des questions religieuses.

L'étude de l'islam amène à se détacher des illusions du déterminisme obligatoire. Il n'existe pas, pour l'observateur extérieur, un islam unique, ni même un islam de référence : en conséquence, « l'islam », à lui seul, ne saurait tout expliquer ; les théologies islamiques, les théories du droit, les spiritualités (ou les refus de la spiritualité) jouent leur rôle dans l'ensemble complexe des causalités. Mais l'adhésion

à telle ou telle forme d'islam suppose une herméneutique, une interprétation que le croyant décide, même
sommairement, d'appliquer à la tradition religieuse
qu'il reçoit. L'herméneutique est toujours un acte
éthique, un choix : le croyant n'est pas le jouet de
ses croyances, qu'il choisit et contribue à construire.

Reste que la théologie est, dans ce domaine, un
lieu important. Il est regrettable qu'elle soit si peu
étudiée en France, qu'il s'agisse de la théologie
musulmane, de la théologie chrétienne ou de la
théologie naturelle. C'est par elle que le donné proprement religieux, et non ses seules manifestations
sociales ou politiques qui ont aussi leur importance,
peut être atteint de façon raisonnée. L'analphabé-
tisme en matière théologique est dangereux : dans
le meilleur des cas, il nous laisse sans outils pour
comprendre ce qui se produit ; et il laisse des esprits
influençables sans défense face à des idéologies
religieuses destructrices. C'est pourquoi il est évidemment insuffisant de demander aux autorités
musulmanes de se démarquer des terroristes à coup
de pancartes « *Not in my name !* ». L'urgence est à
la théologie, une théologie capable de proposer un
islam apaisé avec sa tradition comme avec les questions du temps présent ; un islam dont il n'est pas
possible, à l'avance, de décrire les contours.

Il ne suffit pas non plus de proposer, comme
on le demande souvent, un islam « modéré » face

aux extrémistes. J'espère n'être pas un chrétien modéré, et je crois que la demande sous-entendue qui est faite par là n'est pas qu'on ait des musulmans modérés, mais des gens modérément musulmans. L'expression sous-entend d'ailleurs que les salafistes sont *davantage* musulmans que les autres. Quelle efficacité peut avoir, en ce cas, un tel discours de la modération pour des jeunes précisément attirés par la radicalité du discours salafiste ? Seul un discours radical peut, en retour, les en détourner.

Je crois qu'il existe dans la tradition musulmane une radicalité plus profonde, plus authentique, qui peut être, comme le proposent certaines voies musulmanes, une radicalité spirituelle : la recherche de Dieu en soi, la rencontre de Dieu dans la prière personnelle plutôt que dans l'attentat-suicide me paraissent une aventure nettement plus radicale, si on la poursuit sérieusement. Dans cette voie, la tradition islamique aurait bien des richesses, aujourd'hui largement inexploitées, à faire valoir ; ce serait une des rares façons de sortir par le haut des luttes sanglantes qui déchirent notre monde. Saura-t-elle le faire dans les années qui viennent ? La réponse appartient évidemment aux musulmans eux-mêmes. Et, comme on l'a écrit à propos d'une autre mystique, « c'est la tâche des prophètes d'en parler, et non des professeurs ».

REMERCIEMENTS

Je remercie le P. Laurent Stalla-Bourdillon, recteur de Sainte-Clotilde, organisateur de la conférence qui a donné naissance à ce livre. Ma reconnaissance va également à Pierre Vesperini, Sophie Berlin et Pauline Kipfer, qui ont permis sa publication.

Il faudrait ici remercier tous ceux qui m'ont guidé dans ma découverte de l'univers islamique, dont la liste est naturellement trop longue. Ce texte serait moins lisible sans la relecture exigeante et amicale de ma sœur Céline, de Xavier Trémenbert, de Henri des Portes et de ses deux censeurs, les frères Jean Druel et Emmanuel Pisani : le lecteur peut donc partager un peu de ma vive gratitude à leur égard.

TABLE

Dans la même collection

Élie Barnavi, *Les Religions meurtrières.*
Fethi Benslama, *Déclaration d'insoumission à l'usage des musulmans et de ceux qui ne le sont pas.*
Fethi Benslama, *La Psychanalyse à l'épreuve de l'islam.*
Anne-Claire de Gayffier-Bonneville, *Histoire de l'Égypte moderne. L'Éveil d'une nation,* XIXe-XXIe *siècle.*
Bernard Lewis, *Les Arabes dans l'histoire.*
Maurice Lombard, *L'Islam dans sa première grandeur.*
Sabrina Mervin, *Histoire de l'islam.*
Nabil Mouline, *Le Califat. Histoire politique de l'islam.*
Yann Richard, *L'Iran de 1800 à nos jours.*
Antoine Sfeir, *Brève histoire de l'islam à l'usage de tous.*

NORD COMPO
m u l t i m é d i a

Composition et mise en pages
Nord Compo à Villeneuve-d'Ascq

N° d'édition : L.01EHQN000896.N001
Dépôt légal : mai 2016
Imprimé en Espagne par Novoprint (Barcelone)